FOLIO BIOGRAPHIES
collection dirigée par
GÉRARD DE CORTANZE

Édith Piaf

par

Albert Bensoussan

Gallimard

Crédits photographiques :

1 : Leemage. 2 : Roger-Viollet / Gaston Paris. 3 : Gamma-Rapho / Indivision Séruzier. 4, 5 : Ministère de la Culture — Médiathèque de l'Architecture et du Patrimoine, Dist. RMN — Grand Palais / François Kollar. 6 : Sipa Press / Coll. Michel Ginies. 7 : Getty Images / Hulton Archive. 8 : Scoop / Paris Match / Nick de Morgoli. 9 : Akg-images / Walter Daran. 10 : Rue des Archives / AGIP. 11 : Gamma-Rapho / Stills. 12, 13 et 14 : Rue des Archives / Lebrecht / Maurice Seymour. 15 : Gamma-Rapho / Jean-Philippe Charbonnier. 16 : Gamma-Rapho / Jean Mainbourg. 17 : Sipa Press / Rex Features / Sharok Hatami. 18 : Tendance floue / Jean-Pierre Leloir.

© *Éditions Gallimard, 2013.*

Universitaire, écrivain et traducteur, Albert Bensoussan est agrégé d'espagnol, docteur ès lettres et professeur émérite à l'université de Rennes - 2. Auteur d'essais littéraires, dont *Retour des Caravelles*, *Confessions d'un traître* et *J'avoue que j'ai trahi*, ainsi que de fictions, notamment *Frimaldjezar* (prix de l'Afrique méditerranéenne) et *Dans la véranda* (prix du Grand Ouest), il est la voix française, entre autres, de Mario Vargas Llosa. Poète, il a publié *L'Orpailleur* (Éditions Alain Gorins). Dans la collection Folio Biographies, il est l'auteur de *Federico García Lorca* et de *Verdi*.

*À Déborah, ma femme,
qui me chante et m'enchante.*

Avant-dire

Dans mon jeune temps les rues chantaient. Les radios ne tonitruaient pas aux cuisines, la télé ne bourdonnait pas au salon, le brouhaha n'avait pas envahi les artères, charriant la pollution des écoutes. Et puis, et puis, le temps était là, lent et dispos, comme une offrande ou un fruit mûr dans lequel on pouvait mordre sans risque d'y laisser une dent. Alors une voix, une gorge de femme, venait un beau matin occuper la place. Les balcons s'éclairaient de visages, les gosses descendaient avec le porte-monnaie de maman, et alors, comme une vague à l'assaut des murs, victorieuse des cloisons, la voix clamait à tout vent « Ah ! je l'aimais tant mon amant de Saint-Jean... » « Y'a tant d'amour sur cette terre... » « Laisse un peu la fenêtre ouverte... » « Y'avait du soleil sur son front qui mettait dans ses cheveux blonds de la lumière... »[1]*, et tant d'autres airs qui tourbillonnent encore dans ma mémoire comme un envol de glycines ou le brâme des marées.

L'acolyte à côté de la chanteuse tenait d'une main

* Les notes bibliographiques sont regroupées en fin de volume, p. 212.

la sébile ou le béret pour ramasser la monnaie et, de l'autre, une liasse de partitions — un simple feuillet plié en deux avec les photos des grands interprètes à la une, la liste des concessionnaires musicaux en page quatre et, au milieu, la ligne musicale en clé de sol, surmontée des paroles de la chanson, et aussi, parfois, la ligne de l'accompagnement en clé de fa. Ceux qui renâclaient à faire l'aumône achetaient alors la partition, et nos tiroirs s'encombraient ensuite de tous les succès de ce temps-là.

Chanteuse des rues, c'était alors un métier. Un spectacle qui retenait, pour un quart d'heure, l'attention des gens de la rue, de la place, du quartier, et même le facteur qui, naguère, allait toujours à pied, suspendait sa sacoche dans son dos et laissait courir son courrier. Demain, lui aussi hanterait les rues en déclamant d'un timbre chaud : « Je pense à vous quand je m'éveille [...]/ Je vous revois quand je sommeille[2]... »

C'était le temps des chanteuses réalistes, comme on les appelait, celui de Damia et de ses caboulots, de Fréhel la Bretonne (« La complainte » chantée dans le film *Pépé le Moko* en pleine Casbah d'Alger), de Berthe Sylva, et ce succès que fredonne encore mon épouse (« Où sont tous mes amants »), de Lucienne Delyle, bouleversante interprète de « Mon amant de Saint-Jean » à la Libération, de Lucienne Boyer, dont le tube « Parlez-moi d'amour », depuis 1930, est encore sur toutes les lèvres. Comme il le fut sur celles de leur grande héritière, la Môme Piaf, qui interpréta d'abord cette chanson-là avant que tant de compositeurs ne se jettent à ses pieds pour mettre en musique ses propres paroles — ou celles qu'ils lui prêtaient — où elle chantait avec tant de flamme la passion, la vie, la mort, l'amour...

En ce beau mois de mai 2012, le président fraîchement sorti des urnes françaises fut aussitôt salué par une ritournelle d'accordéon : « La vie en rose ». Édith était encore là, convoquée, bien vivante, avec les mots qu'elle avait elle-même choisis en s'accrochant à la vie, à la beauté des choses, car, comme elle le dira : « Il n'y a qu'une seule belle chose au monde : ce sont les chansons d'amour[3] ! »

Et tout en haut de l'affiche, celle qui fut la petite et souffreteuse Édith Giovanna Gassion, avant d'être « la Môme » et de devenir à tout jamais Piaf.

La petite môme

Au début sont les pleurs. Les pleurs d'un enfant qui naît on ne sait trop où... Dans la rue, dit la légende, le corps du bébé glissant du ventre de sa mère droit sur la pèlerine d'un agent de police. Devant le 72 rue de Belleville, dans le XIXe arrondissement de Paris. Une plaque apposée au mur de cet immeuble l'affirme. Et pourtant, ce 19 décembre 1915, la mère prise de douleurs fut, en fait, transportée par deux policiers à l'hôpital Tenon, dans le XXe arrondissement, rue de la Chine à Ménilmontant, où à cinq heures du matin vint au monde la petite Édith Giovanna. C'est d'ailleurs là-même, à un jet de pierre, que fut inaugurée le 11 octobre 2003, pour le quarantième anniversaire de la disparition d'Édith Piaf, la place qui porte son nom (métro porte de Bagnolet), ornée d'une statue de la chanteuse, œuvre de Lisbeth Delisle. La statue est plutôt mal exposée, devant une banque, un bistrot, un parking, et l'on ne voit sur ce paysage qu'une petite silhouette torse ; mais si l'on s'approche, et en montant un peu sur le piédestal, alors on découvre, tourné vers le ciel, un visage tourmenté, une bouche ouverte sur un cri, et ce bronze acquiert toute sa force expressive. Édith Piaf statufiée, certes, mais nous n'en sommes pas encore là. Le mythe n'est pas encore né, même si la légende s'empare de l'enfant dès ses premiers instants.

Rien n'est dans la norme lorsque l'enfant paraît. Rien ne sera jamais dans la norme dans l'existence tumultueuse d'Édith Piaf. Gosse des rues, enfant de la balle, fille du bitume, quel regard porter sur cet univers où elle accoste, vomie d'un ventre peu accueillant ? La mère est chanteuse des rues et vedette des beuglants. Elle chante pour gagner sa vie, ou plutôt son verre, car elle traînera toujours l'étiquette d'alcoolique, de droguée et de marginale, voire de zonarde. On ne sait pas grand-chose de cette Annetta Maillard qui avait pris pour nom d'artiste celui de Line Marsa. Drôle de nom qui semble renvoyer au Maghreb, si l'on sait que La Marsa désigne cette banlieue de Tunis, au demeurant chic et cossue. Le Maghreb, justement, est bien dans l'arbre généalogique d'Édith Piaf, puisque sa grand-mère maternelle se nomme Emma Saïd Ben Mohamed, née à Soissons en 1876, d'un père marocain (de Mogador ou Essaouira), Saïd Ben Mohamed, et d'une mère italienne, Marguerite Bracco (née à Murazzano, dans le Piémont), tous deux acrobates de cirque et gens du voyage. Nous sommes là dans un beau nomadisme. La grand-mère d'Édith Piaf accentuera son « arabité » en choisissant Aïcha comme nom de scène — car elle est, elle aussi, chanteuse et artiste de cirque où elle présente un numéro de puces sauteuses ! Emma-Aïcha épouse en 1894 Eugène

Maillard, rencontré en Italie lors d'une tournée de cirque. Leur fille naît à Livourne en 1895, et va recevoir les prénoms tout italiens d'Annetta Giovanna. L'enfant, en grandissant, suivra la même voie que ses parents : le cirque, où elle sera écuyère et funambule puis, après divers accidents, elle se reconvertira dans la chanson en chantant dans des cabarets de quartier, les fameux beuglants enfumés et vulgaires à souhait. Elle avait, semble-t-il, une très belle voix pour pousser la goualante — ce type de chanson populaire qui sera, plus tard, au répertoire de la Môme Piaf (« La goualante du pauvre Jean ») —, mais mourut dans la misère, l'alcool et la drogue en 1945, malgré toute l'aide — financière — que lui apportera sa fille (qui, néanmoins, lui refusera le caveau de famille où reposent les Gassion). Line Marsa ne fut pas vraiment une mère pour cette enfant qui va naître de l'union de l'artiste avec un « antipodiste », Louis Gassion. Lui s'inscrit dans cette mode du contorsionnisme dont Toulouse-Lautrec a brossé l'archétype avec son « Valentin le Désossé », s'affichant avec la Goulue. Nous avons là un Français de vieille souche, Normand né dans le Calvados, mais dans une famille pauvre. Sa mère, Léontine Louise Descamps, tient une maison close à Bernay, dans l'Eure, à deux heures de Paris, et son père, Victor Alphonse Gassion, est écuyer de cirque. Quant aux sœurs de Louis, elles sont également saltimbanques et se produisent sous le nom de « Sœurs Gassion », acrobates. On le voit, la généalogie d'Édith Piaf est on ne peut plus typée, marquée par la vie itinérante, nomade, pauvre et incertaine des gens de cirque et de prostitution. Elle est bien une enfant de la balle, élevée n'importe où et n'importe comment, et surtout sevrée de tendresse, celle qui répétera justement ce refrain :

Dans la vie on est peau d'balle
Quand notre cœur est au clou
Sans amour on n'est rien du tout[1].

Car l'amour, celui qu'un enfant vous réclame, elle n'en verra guère la couleur, n'en sentira guère la caresse. Comment s'étonner, alors, que la première phrase du récit d'Édith Piaf, *Ma vie*, soit justement : « L'amour m'a toujours fui[2] » ?

Annetta épousa Louis en 1914, un enfant naîtra de cette union, qui va porter le glorieux prénom de celle dont on parlait tant aux premiers jours de la Première Guerre mondiale, l'infirmière et résistante anglaise Edith Cavell, fusillée trois mois plus tôt par les Allemands. Le père, en cet instant, n'est pas là, car il est à la guerre, comme tous les hommes valides de ce temps-là. Édith Giovanna Gassion est donc née à Paris le 19 décembre 1915, à cinq heures du matin et à l'hôpital, en dépit de la légende qui voudra à tout prix que cette gosse de la rue soit née devant la porte de chez sa mère. Le mythe de Piaf, disons-le d'emblée, fut souvent servi, alimenté, célébré par l'artiste elle-même qui vivait dans l'univers de la poésie, de la chanson et des fantasmes, et qui, dans les nombreuses interviews à venir, tenait à donner à son public ou à ses lecteurs cette part du rêve, tant dévoyée et galvaudée ensuite par ce qu'on appelle la presse *people.* C'est donc au 72, rue de Belleville qu'elle voulait accréditer sa venue au monde, alors qu'en fait la naissance fut bel et bien déclarée et consignée à l'hôpital Tenon, rue de la Chine, soit que des agents de police aient recueilli le bébé et la parturiente au seuil de la maison, soit qu'ils aient convoyé la femme sur le point d'accoucher jusqu'à l'hôpital, mais finalement qu'importe ? L'image d'un bébé échouant sur la pèlerine d'un agent de police étalée sur le pavé est tellement plus séduisante et accordée à celle qui chantera bientôt : « Je ne suis qu'une fille du port, qu'une ombre de la rue... »

Et voilà comment l'on peut lire sur la plaque apposée sur le mur de l'immeuble où vivait sa mère :

> Sur les marches de cette maison
> naquit le 19 décembre 1915
> dans le plus grand dénuement
> Édith Piaf
> dont la voix, plus tard,
> devait enchanter le monde.

En novembre 1969, six ans après sa disparition, cette plaque serait dévoilée par Maurice Chevalier — qui fut l'un des premiers à l'applaudir lors de ses débuts au cabaret —, tandis que Bruno Coquatrix, le directeur de l'Olympia, dont elle fit, en partie, la fortune, prononcerait l'éloge funèbre de la chanteuse, en présence de Théo Sarapo, jeune veuf, de sa famille, de ses amis et d'une foule évaluée à dix mille personnes. La légende est bien installée, et celle que ses intimes appelaient Didou, en aurait été heureuse, d'en haut, elle qui croyait tellement aux esprits, au Ciel, au Bon Dieu, à la mémoire vive des défunts.

Mais ce bébé-là, sa mère ne va pas s'en occuper. Très vite cette « artiste lyrique » va reprendre la route. Line Marsa va vers son destin de… chanteuse des rues, nomade, alcoolique, on ne sait trop. Mais elle a, tout de même, confié l'enfant à sa propre mère, Aïcha ou Emma, qui a aussi une belle voix. En fait, la Marsa est la dépositaire de la voix, transmise à sa fille, elle dont Arletty dira — fielleusement, peut-être — qu'elle avait une plus belle voix qu'Édith Piaf : « C'était pas la mère qui avait la voix de la fille, c'était la fille qui avait la voix de la mère[3]. » Michel Simon, alors jeune acrobate débutant, dit aussi avoir connu cette Line Marsa : « Elle chantait, dans une robe noire, des chansons tristes[4] », mais sans doute faut-il voir dans ce témoignage une substitution d'images, voyant la mère à l'image de la fille, y compris dans sa tenue de scène, et éclairant la vérité du passé à la lumière du présent légendaire.

Le bébé sera donc bercé, peut-être, par des chants berbères du Maroc, encore que, là aussi, le récit flirte avec la légende. Car on a souvent présenté cette femme, Emma de son prénom véritable, née en France d'un père marocain, comme une Kabyle, ce qu'elle n'était certainement pas, la Kabylie se trouvant en Algérie. Ces Berbères du Sud marocain sont appelés Chleuhs*, avec un parler berbère qu'on

---

* C'est Pierre Dac qui, à ses débuts, eut l'idée d'appeler les « Boches » des « Chleuhs », en se souvenant de la guerre du Rif (1921-1926) et de la résistance marocaine contre l'occupant français.

appelle le chleuh, appartenant à la grande famille linguistique du Tamazight. Mais laissons cela aux philologues. La grande famille berbère de la diaspora ne manquera pas de revendiquer Édith Piaf (au même titre que Mouloudji ou qu'Isabelle Adjani) au panthéon des gloires d'outremer données à la France.

Emma-Aïcha est une femme de cirque, assurément, et donc d'une sédentarité difficile : mais, sur ses vieux jours, il semblerait qu'elle ait passé ses journées ou ses soirées au bistrot, et nous imaginons bien qu'elle ait pu asseoir la petite Édith sur le zinc et l'ait fait chanter pour attirer, soit la pitié, soit la générosité des habitués remplissant son verre. De là qu'on ait attribué aussi à Édith Piaf cette légende des biberons mêlés de gros rouge. On imagine aisément, en revanche, que l'enfant soit restée livrée à elle-même, plus ou moins à l'abandon. Mais elle a eu la chance d'être récupérée, peut-être par sa tante Zéphora, jeune sœur de son père, ou bien par son père, Louis, que nous avons laissé à la guerre, mais qui aurait très bien pu, à l'occasion d'une permission, passer chez sa belle-mère voir sa fille et la sauver de pareille misère. Zaza — petit nom de Zéphora — s'attribue ce sauvetage, et il est vrai qu'on imagine mal comment un soldat au front puisse avoir cette liberté de mouvements. Ce qui nous importe, c'est que l'enfant va se retrouver, cette fois, aux bras de sa grand-mère paternelle, Louise-Léontine, qui tient à Bernay en Normandie, sur la route d'Évreux, une maison de rendez-vous, ou disons plutôt un bordel campagnard. Changement de décor, l'enfant vit cette fois au grand air, mange bien, et les demoiselles — une dizaine de « pauvres filles », comme les qualifiera plus tard Piaf[5] — sont en adoration devant ce bébé qui gazouille et peut-être même chante déjà. La maison est vaste, avec ses deux étages et ses chambres confortables. Une photo de la petite Édith nous la montre bourgeoisement habillée et le visage joufflu : c'est le bonheur au sein du gynécée. Son père viendra la voir, sans doute après la fin de la guerre, Édith Piaf dira se souvenir de cet homme récemment débarqué et lui disant : « C'est papa. »

Quelle éducation aura pu recevoir l'enfant, dans cette atmosphère ? Reconstituant sa propre existence, Édith Piaf imputera à la fréquentation des pensionnaires de la maison galante de sa grand-mère sa faiblesse vis-à-vis des hommes et le mauvais chemin qu'empruntera sa vie d'adulte :

> Ma mère n'avait pas été à mes côtés pour m'apprendre que l'amour pouvait être tendre, fidèle, doux, tellement doux. Toute mon enfance, je l'avais passée parmi les pauvres « filles » de la maison que « tenait » ma grand-mère à Lisieux... Cette éducation n'avait pas fait de moi un être très sentimental... Je croyais que lorsqu'un garçon appelait une fille, la fille ne devait jamais refuser[6].

Nous reviendrons sur cette facilité à passer d'un homme à l'autre. En attendant, son souvenir le plus parlant sera celui de sa cécité. Oui, Édith aurait perdu la vue, puisqu'en 1954, lors de la mémorable émission *La joie de vivre*, à la question : « Quelle fut votre première joie de vivre ? », Édith Piaf répondra spontanément et sans hésiter : « Le jour où j'ai retrouvé la vue. » Elle fut donc momentanément aveugle, et l'on sait, en fait, qu'elle fut affectée d'une kératite, ou inflammation de la cornée, aboutissant chez elle à une opacité cornéenne. Voilà donc l'enfant munie, probablement plusieurs mois durant, d'un bandeau sur les yeux, car la prescription médicale est de reposer les yeux pour venir à bout de l'infection, et l'on sait qu'en général, on peut guérir spontanément d'une kératite. Mais Édith vit tout près d'un lieu miraculeux : Lisieux, qui n'est qu'à trente kilomètres de Bernay ; la grand-mère, confite en dévotion malgré son « office », et les « pensionnaires », qui arborent toutes leur petite croix d'argent sur la poitrine (comme souvent les prostituées de cette époque qui avaient à cœur, par ce symbole chrétien, de revendiquer quelque dignité), décident d'emmener l'enfant voir sainte Thérèse de l'Enfant-Jésus pour que le miracle se produise. Notons que la petite sainte, morte de tuberculose en 1897 à l'âge de vingt-quatre ans, n'est pas encore canonisée — elle ne le sera qu'en 1925 —, mais que sa réputation de sainteté et de faiseuse de miracles est très grande dans la région. La Première Guerre mondiale et son immense cortège de souffrances et de misères ont favorisé le culte de la sainte miraculeuse. Sauf qu'elle n'est encore que la sainte du pays, voilà tout. Mais le miracle est au bout de cette route empruntée par les dames galantes et cette enfant de cinq ou six ans. Impossible d'être précis dans ce cheminement biographique, car la légende de celle qui créa « Les feuilles mortes », de Prévert & Kosma, a effacé sur le sable du temps les pas désunis des témoins. Toujours est-il que moins d'une semaine après ce pèlerinage, le bandeau sur les yeux est enlevé et, miracle ! la petite Édith s'écrie : « Je vois... » Pour cela, elle gardera toute sa vie la médaille pieuse ramenée de Lisieux, et n'oubliera jamais d'invoquer la petite Thérèse de Lisieux dans toutes les circonstances dramatiques ou critiques de son existence — ou, par exemple, avant le match qui ferait de Marcel Cerdan le champion du monde de boxe.

Ajoutons à la vérité que, dans son enfance, Édith fréquenta à Bernay l'école Paul-Bert, et que le souvenir en était resté auprès de son institutrice — comment ne pas se rappeler cette petite fille qui se rendait chaque jour à l'école accompagnée d'une de ces « scandaleuses » pensionnaires de la maison de plaisir tenue par sa grand-mère aux portes de la ville ? Une des enseignantes de cette école se souvenait encore, il y a une vingtaine d'années, de sa mauvaise vue et de ses problèmes oculaires, consécutifs à sa kératite, mais non d'une quelconque cécité[7]. La légende imposera pourtant la beauté d'un miracle, rachetant tant de misères et tant de déboires de la courte et tumultueuse existence d'Édith Gassion.

Est-ce la conséquence de cette guérison ? Édith doit quitter la maison « honnête » (comme l'on appelait aussi, par antiphrase, les lieux de prostitution) de sa grand-mère. Louis se souvient qu'il est père ; revenu — rescapé — de la guerre, il reprend la route et son métier d'antipodiste-contorsionniste, et il a besoin de sa fille pour mieux attirer, sur la place publique où il se produit, le chaland et l'inciter à quelque générosité. Édith a huit ou neuf, peut-être dix ans lorsqu'elle s'en va de Bernay pour donner la main à son géniteur. On ne dispose d'aucune certitude sur toutes ces années d'enfance d'Édith, car c'est le plus souvent d'elle-même qu'on reçoit l'information, dans ses nombreuses interviews, ces émissions de télé dont la célèbre *Joie de vivre* de Henri Spade et Robert Chazal[8], où elle s'épanche avec complaisance et semble broder à plaisir sur ses débuts dans la vie, voire dans ses souvenirs (*Au bal de la chance*, *Ma vie*), où l'on voit bien que Piaf a forgé sa propre légende. Ses biographes les plus sérieux, Jacques Duclos et Georges Martin, n'hésitent pas à écrire que de ces années-là « il ne reste qu'un désordre d'anecdotes, toutes empruntées à la seule mémoire d'Édith Piaf[9] ».

Édith se retrouve, donc, vers l'âge de dix ans, au cirque Caroli, un petit cirque itinérant parcourant l'Europe, pour finir ses jours, avant la Seconde Guerre mondiale, en Algérie. D'emblée, la voilà en Belgique où le père présente un numéro d'illusionniste : il interroge sur scène une table parlante, il pose à haute voix les questions du public auxquelles répond la table par ses toc-toc — plus tard, Édith Piaf, très sérieusement, tentera de dialoguer avec ses morts, et son cher Marcel Cerdan, en utilisant un précieux guéridon parleur —, sauf qu'ici, c'est la petite Édith, accroupie sous la table, qui la manœuvre pour faire entendre son tambourinage.

Édith vit donc avec son père dans une roulotte de cirque, et qu'est-ce qu'elle y fait, à part son numéro de table parlante ? Elle fait le ménage, lave la vaisselle, travaille à l'entretien du cirque, fait tous les travaux d'une femme, sauf qu'elle n'est encore qu'une gosse. Dans *Au bal de la chance*, son premier livre de souvenirs, elle commente cette époque :

> Je vivais dans la caravane, je faisais le ménage, je lavais la vaisselle, ma journée commençait tôt et elle était dure, mais cette vie itinérante, avec ses horizons toujours renouvelés, me plaisait, et c'est avec ravissement que je découvrais le monde enchanté des « gens du voyage[10] ».

On ne sait trop combien de temps dura le contrat de Louis Gassion, mais très vite l'antipodiste-contorsionniste reprendra, si l'on peut dire, sa liberté pour s'installer à son compte. Autrement dit, sur les places publiques où naguère il y avait tant de bateleurs, jongleurs, avaleurs de grenouilles, avaleurs de sabres, cracheurs de feu, hercules de foire, illusionnistes et chanteurs des rues. Exhibitions qui valaient moins pour le numéro en soi, que par le boniment de l'artiste qui était destiné, en vantant son numéro exceptionnel, à faire tomber le plus de monnaie possible sur le tapis ou dans la main de son comparse. Édith est donc préposée à recueillir l'argent du numéro tandis que son père se contorsionne, marche sur les mains, fait le grand écart aérien en équilibre sur sa tête, ou se coiffe de ses jambes en jouant l'homme-araignée. Mais cela n'est pas toujours rentable. Le père prend de l'âge (il est né en 1881), c'est un petit bonhomme d'un mètre cinquante-quatre (selon son livret militaire), de complexion sèche, et donc plutôt maigrelet, et puis il a fait la guerre. Édith héritera de sa petite taille, puisqu'elle mesurait exactement un mètre quarante-sept. Mais voilà, les numéros de ce « désossé » ne sont guère spectaculaires et le public est blasé. C'est de là sans doute que lui viendra l'idée de solliciter sa fille. L'histoire, ou la légende, la fait chanter pour la première fois un air connu de tous, capable de mobiliser la foule et de l'inciter à plus de générosité : « Aux armes citoyens, formez vos bataillons... », clame alors l'enfant dont la gorge s'enfle déjà d'un timbre à la fois rauque et chaud, cette voix vibrante qui, plus tard, enchantera un Jean Cocteau : « Une voix qui sort des entrailles, une voix qui l'habite des pieds à la tête, déroule une haute vague de velours noir[11]. » Nous sommes au sortir de la Première Guerre mondiale et la fibre patriotique est facilement caressée, l'argent tombe à flots entre les mains de la petite Édith, et le père en est si content qu'un jour, cédant au caprice de sa fille, si jeune et si privée de toute joie, il consent à lui acheter une poupée. Comme celle qui trône aujourd'hui au musée d'Édith Piaf à Ménilmontant[12]. Et qui nous fait penser qu'il y a quelque chose de Cosette, et beaucoup des *Misérables*, dans l'enfance itinérante d'Édith.

Au hasard des routes, Édith va se trouver un frère, Herbert, né trois ans après elle, et tout comme elle rejeté par sa mère, qui le confiera aussitôt à l'Assistance publique afin de poursuivre sa piètre carrière de chanteuse de beuglant. Les souvenirs conjugués du frère et de la sœur nous campent la scène de la rencontre à Paris, près de la porte Saint-Martin, au café le Batifol qui était alors, et le sera encore dans les années 1950, un lieu de rendez-vous pour artistes et chanteurs des nombreux théâtres et cabarets de la rue du Faubourg-Saint-Martin, où l'on se rappelle le passage de Mistinguett et Maurice Chevalier au Splendid (qui abritera plus tard la troupe des « Bronzés »). Line Marsa chantait alors dans une boîte-dancing en face. Et voilà que la mère et le père, depuis longtemps séparés, se retrouvent au comptoir du Batifol ; Annetta Maillard demande à Édith de l'embrasser, mais celle-ci, ne la connaissant pas, se détourne : « Papa ne veut pas que j'embrasse les personnes que je ne connais pas », jusqu'à ce que le père lui dise : « Pour celle-là, tu as la permission. C'est ta maman[13]. » On pense aussi à la découverte tardive de sa génitrice par Paul Léautaud, autre enfant abandonné par sa mère, victime du milieu artiste, aussi timide et réservé qu'Édith. Et puis il y a Herbert, ce petit garçon de sept ans, qui découvre sa sœur et va jouer un peu avec elle sur le trottoir devant le bistrot. « Alors, t'es ma sœur », lui dit-il, et Édith de répondre : « Toi, t'es mon frère[14]. » Et ils en resteront là. Plus tard, Piaf, qui n'aura jamais eu de famille, mais aura, en revanche, le sens de la famille, aidera financièrement son frère à se frayer chemin dans la vie. Mais il y a aussi une demi-sœur d'Édith qui va naître beaucoup plus tard, en 1931, Denise — elles ont donc seize ans d'écart — et qui apportera quelques éclaircissements sur la vie de sa grande sœur, réfutant les revendications de cette Momone — Simone Berteaut — dont nous allons bientôt parler, camarade de rue et de dérive de la jeune Édith, dont elle se disait la demi-sœur, et qui aura à cœur de nous brosser un portrait fort dégradé de celle qu'elle disait aimer et admirer, et dont elle suggère constamment la déchéance[15]. En 1931, on notera que Louis Gassion a élu domicile au 115 rue de Belleville, la rue même de la prétendue naissance d'Édith, et c'est donc dans le même hôpital Tenon que va naître cette vraie demi-sœur, fille de Jeanne L'Hôte, seconde épouse du père. Selon Denise, c'est à ce domicile que va vivre désormais Édith. Mais en même temps, elle fugue, elle fait les rues, elle rencontre Momone, autre gosse qui sera passée par l'abandon de la mère et l'Assistance publique, et qui travaille comme monteuse en métallurgie aux usines Wonder... Édith chante tandis que l'autre fait la quête. Mais on sait aussi qu'elle cherche à travailler selon les normes. Elle se fait engager dans une crèmerie, livre le lait le matin, se fait renvoyer, recommence ailleurs, en parfaite instabilité, et vit surtout de l'air du temps, avec, peut-être, de brèves escales au domicile paternel, que, ne pouvant supporter le défilé des « belles-mères », elle finira bientôt par déserter définitivement.

Pour courir les rues et chanter. Simone est son associée, dûment appointée, selon ses dires. Un contrat écrit de sa main stipule qu'Édith Giovanna Gassion, sa « patronne », versera quinze francs par jour à la mère Berteaut — ce qu'elle fera... pendant un certain temps. Édith chante donc, sur la place publique, Momone recueille les pièces dans son béret ;

et cela ressemble à un vrai travail, que la voix d'Édith rend déjà lucratif. Les deux filles logeront à l'hôtel de l'Avenir, 105 rue Orfila, tout près de l'hôpital Tenon, et toujours dans ce quartier de Belleville qui apparaît bien comme le pays natal de Piaf. Au répertoire de la chanteuse des rues, il y a cet air de Vincent Scotto, qui semble l'avoir écrit pour ces deux jeunes filles, « Les mômes de la cloche » :

C'est nous les mômes, les mômes de la cloche,
Clochards qui s'en vont sans un rond en poche
C'est nous, les paumées, les purées d'paumées[16].

Elles chantent dans la rue, hantant les quartiers de Belleville, des Lilas, de la porte de Montreuil, et bientôt des lieux plus à la mode, à Pigalle, Montmartre, en haut de la rue Lepic, mais aussi, parfois, dans quelque arrière-salle d'un beuglant, au cabaret, et même dans une cour de caserne, où Momone fait quelques cabrioles tandis que sa « demi-sœur » chante, pour le ravissement des bidasses. Édith l'avait déjà fait avec son père, quand ce dernier avait quelque mal à se contorsionner et qu'il préférait faire chanter sa fille et passer le béret... Bientôt les deux filles de Belleville, qui n'ont pas froid aux yeux, et vivent le plus souvent dans la rue, y couchant même parfois, sont prises en main par des souteneurs — des *macrots*, ainsi qu'Édith orthographie ce mot —, et le premier dont elle se souvienne, prénommé Albert dans les souvenirs qu'elle rapporte à Jean Noli pour *France-Dimanche* (et identifié comme étant un dénommé Henri Valette, par Momone dans ses *Mémoires*) voulait la mettre sur le trottoir. Et il l'y a mise, pas pour tapiner, car elle s'y refusait, dit-elle, mais pour chanter, et lui ramener la recette pour prix de son « soutien ». C'était du pareil au même, et nous ne savons de sa fréquentation du milieu que ce qu'elle a bien voulu nous en dire. Emmanuel Bonini, dans son important ouvrage, fort documenté, *Piaf, la vérité*, n'hésite pas à la qualifier de « fille à maquereaux[17] ». Elle nous en dit, pourtant, assez pour apparaître non seulement comme une fille « soutenue », mais aussi comme une indicatrice, une « rabatteuse » pour ses mauvais garçons. En chantant ici et là, elle devait, en effet, repérer, dans les rues et les dancings, les bourgeoises qui arboraient de beaux bijoux et les signaler à ses amis qui, le moment venu, leur faisaient leur affaire. Édith côtoie de très près ces voyous, dont plusieurs deviennent ses amants, elle frôle la prostitution — n'en disons pas plus —, elle voit les filles souffrir, l'une d'elles se suicider même, et elle semblera échapper au milieu au moment de son engagement chez Louis Leplée, mais le milieu la rattrapera encore. Et elle aura du mal à s'en défaire, ne pouvant éviter, même au sommet de sa gloire, la résurgence d'un ancien « apache » venu réclamer son dû.

Cependant, à force de traîner dans les rues, Édith va rencontrer son premier grand amour, ce P'tit Louis, Louis Dupont de son nom, qui est maçon au chômage, et présentement garçon-livreur, juché sur un triporteur. Et la voilà très vite enceinte. Elle n'a pas dix-huit ans quand elle accouche, le 11 février

1933, d'une petite fille prénommée Marcelle. Et où a lieu l'accouchement ? Dans ce même hôpital Tenon, rue de la Chine, où Édith a vu le jour dix-sept ans plus tôt. Le ménage vit d'abord chez maman Dupont, mais très vite rien ne va plus, et Édith s'en retourne à la rue, chantant avec son bébé sur les bras. Elle aura quelques contrats dans les cours des casernes et quelques cabarets où Momone, son inséparable comparse, fera aussi, en petite tenue, quelques acrobaties plus ou moins suggestives. Elles vivront alors dans un petit hôtel, le Clair de Lune, impasse des Beaux-Arts. Mais le 1er juillet 1935, Cécelle, que son père a reprise en pensant lui éviter le pire aux bras de pareille mère, tombe malade, est conduite à l'hôpital des Enfants-Malades et décède une semaine après, d'une méningite foudroyante. Édith n'a même pas vingt ans quand cet immense malheur s'abat sur elle. Elle devient comme folle et n'a même pas de quoi payer l'enterrement. Et c'est là que se situe le seul moment connu — ou avoué — de prostitution : elle se fait « lever » par un monsieur qui, une fois rendu dans la chambre du stupre, la voyant pleurer et expliquer pourquoi elle vend son corps, se montre assez généreux pour épargner pareille humiliation à cette « môme » et lui donner l'argent nécessaire sans contrepartie. C'est, du moins, la version d'Édith :

> Je n'avais pas de quoi payer l'enterrement de ma fille... Il était quatre heures du matin... je suis partie dans la nuit. Je pensais à Marcelle, à mon malheur, aux dix francs qui me manquaient... Soudain une voix derrière moi me demanda : « Ça

coûte combien l'amour avec toi, môme ? »... Habituellement, je l'aurais injurié, giflé. Mais cette nuit-là, toute à ma détresse, horrifiée par ce que j'allais faire, je répondis à l'inconnu : « C'est dix francs »... Je me suis retrouvée dans une chambre avec le grand type... Alors là, à cet instant précis, je compris que jamais je ne pourrais céder à cet homme, sans être dégoûtée de moi pour toujours... J'ai éclaté en sanglots et je lui ai raconté ma lamentable histoire : la mort de ma fille, l'argent pour l'enterrement... J'ai vu qu'il avait pitié, et qu'il me laisserait aller sans exiger son dû. Il a haussé les épaules, a entrouvert les lèvres :
— Va... et courage, môme ! C'est pas drôle hein, la vie[18].

Ce récit, par trop littéraire, emprunte son pathos à quelque mauvais Hugo, au demeurant sous la plume du journaliste Jean Noli, qui soulignera plus tard la part de fiction et de mythe dans cet aveu. Connaissant la vérité, il aurait suggéré à Édith Piaf de la modifier et d'en faire une belle histoire édifiante :

— Je crains, Édith, que si vous racontez que l'homme a couché avec vous, cette chute ne choque les lectrices.
— Vous avez raison. Que suggérez-vous ?
— Je dirais que lorsque vous vous êtes retrouvée avec l'inconnu dans la chambre de passe, vous avez éclaté en sanglots.
— C'est bien. Et après ?
— Ensuite, le type vous a demandé la raison de vos larmes et vous lui avez révélé la mort de votre enfant. Alors, il a eu pitié de vous, vous a donné la pièce quand même, sans vous toucher, et il est reparti.
— Vous avez raison. C'est plus joli et c'est moral[19].

Nous voyons, par ce dialogue, et grâce à l'indiscrétion de Jean Noli qui tire les ficelles du récit et l'avoue avec, disons-le, assez peu d'élégance, comment s'est forgé le mythe de Piaf, comment elle-même a veillé à donner d'elle la meilleure image possible, en tenant compte des impératifs de son époque et, surtout, en pensant à son public qu'elle aimait tant, elle qui ne fut que chant partagé avec la salle. Aujourd'hui, la petite Marcelle, qui fut enterrée au cimetière des pauvres, à Thiais — où la rejoindra en 1945 la mère d'Édith Piaf —, repose au Père-Lachaise (section 96), auprès de sa mère, de son grand-père, Louis Gassion — mort le 3 mars 1944, et provisoirement inhumé alors au Père-Lachaise dans une autre section —, et de Théo Sarapo, le dernier mari de la chanteuse. Il est difficile d'échapper au misérabilisme lorsqu'on brosse le portrait des vingt premières années de la vie d'Édith Piaf, mais, malgré la complaisance qu'on a souvent mise (surtout Simone Berteaut qui n'y va jamais avec le dos de la cuillère dans son portrait au vitriol d'une Piaf pocharde ou clochardisée) — et qu'elle-même a mise, parfois — à rapporter ces misères, elles sont bien là, et force est de constater que, sans elles, il n'y aurait peut-être jamais eu cette voix de Piaf, une voix qui, selon la phrase de Jean Cocteau, a chanté « les grandes plaintes de la nuit[20] ».

La Môme Piaf

C'est Momone, la (prétendue) sœur, complice et « salariée » d'Édith Piaf, qui aurait eu l'idée de changer de quartier. Les deux filles chantent d'abord dans les rues de Belleville, qui est une ville à part entière — comme elle le fut encore à la fin du siècle dernier, avant d'être rattachée à la ceinture de Paris. Pour mieux apitoyer le public, elles vont le plus souvent pieds nus, crasseuses à souhait, misérables et loqueteuses ; mais quand elles passent vers des quartiers plus chic, alors elles sortent d'un grand sac leurs espadrilles, se chaussent et se donnent une allure plus convenable. Et les voilà au cœur du Paris huppé, à deux pas de la place de l'Étoile, à l'angle de la rue Troyon et de l'avenue Mac-Mahon. Nous sommes au tout début d'octobre 1935, et Édith n'a pas encore vingt ans quand elle rencontre le prince charmant qui va bientôt faire d'elle la chanteuse que l'on connaît. Elle se rappelle — tout en ayant oublié les paroles exactes — ce qu'elle chanta alors :

Elle est née comme un moineau,
Elle a vécu comme un moineau,
Elle mourra comme un moineau[1] ?

En réalité, elle chante un grand succès de Fréhel — dont le nom d'artiste fut aussi « la Môme Pervenche » — qui, rapportant la misère d'une fille des rues laissée, enfant, « le bec ouvert / comme un moineau » par ses parents, s'achève sur :

J'aurais préféré malgré tout,
Au lieu d'une poisse,
Un homme qui m'eût aimée d'amour
Pour avec lui finir mes jours
Dans un nid chaud,
Comme un moineau[2] !

On est bien là, à l'évidence, dans la chanson réaliste, avec cette sollicitation permanente de la misère, de la rue pour domicile fixe, des chagrins d'amour et des vies loupées. Édith clame son couplet. Un homme est là, dans le petit cercle du public, qui, élégant, raffiné et claudicant, se présente à la jeune chanteuse et lui reproche de chanter dans la rue au risque de se casser la voix, alors qu'elle pourrait se produire sur la scène d'un cabaret. Justement, il en possède un, très chic, le Gerny's, dont il est le patron. C'est Louis Leplée qu'Édith vient de rencontrer, et qui va faire sa fortune. Édith date de cette rencontre sa naissance comme chanteuse. Elle sera désormais, à vingt ans, la Piaf.

Si l'on en croit la légende, telle que la presse, les médias et le cinéma l'ont colportée, ce Leplée lui donne rendez-vous en lui remettant sa carte — en fait, il griffonne son nom et son adresse sur un bout de journal — ainsi qu'un billet de cinq francs, pour prix d'une chanson des rues... ou d'une incitation à poursuivre, et le suivre. Rhapsode du pavé, la petite ira à son rendez-vous, sans trop y croire. Doutant jusqu'au dernier moment de la possibilité de quitter le trottoir, de sortir de la rue, elle hésitera longuement, puis se rendra chez Leplée avec une heure de retard. Le cabaret se trouve dans une rue donnant sur les Champs-Élysées, au 54 rue Pierre-Charron, à un jet de pierre du lieu de la rencontre, de l'autre côté de la place de l'Étoile. Le Gerny's est une petite salle de restaurant-cabaret, avec quelques tables et, au fond, une estrade où se produisent chanteurs et musiciens. Modeste, mais chic.

Sitôt engagée le lundi, après quelques essais de voix, il faut trouver à Édith Giovanna Gassion un nom d'artiste. Jusqu'à présent, elle s'était risquée, dans quelques beuglants, à chanter sous des noms divers : Misse Édith, Huguette Hélia, Tania — nom qui fait penser à Damia, grande vedette des années 1930 et modèle d'Édith Piaf —, ou Denise Jay, ce qui n'est guère heureux. Leplée, qui l'a entendue interpréter « Comme un moineau », pense sur le moment à l'appeler « la Môme Moineau », mais c'est déjà pris par une chanteuse de la fin des années 1920, Lucienne Garcia, qui s'était produite précisément dans une boîte de Pigalle, le Liberty's, que dirigeait Leplée, avant de changer de quartier et d'ouvrir le Gerny's. Leplée a alors l'idée de glisser vers le synonyme argotique de l'oiseau gazouilleur, le « piaf » : « Tu t'appelleras la Môme Piaf », et ainsi la baptisa-t-il pour l'éternité.

Nous savons tout cela par les récits conjugués de Piaf elle-même et de Momone. Cette histoire ressemble à un conte de fées comme on aime en entendre, comme la grande Édith Piaf a voulu s'en bercer...

La petite Piaf va donc chanter le vendredi suivant — probablement le premier vendredi d'octobre 1935 — devant un beau parterre de gloires. Elle interprète trois chansons à la mode : « Nini peau d'chien », « Les mômes de la cloche », « La valse brune ». Et c'est aussitôt le succès. On prête alors à Maurice Chevalier, qui est au premier rang, cette phrase décisive : « Elle en a plein le ventre, la môme[3]. »

En même temps qu'elle naît à la chanson et à la gloire, Édith Piaf inaugure une tenue de scène qui restera la sienne jusqu'au bout : une petite robe noire — tricotée, selon Momone. La première à s'être présentée en scène toute de noir vêtue est justement la plus célèbre chanteuse des années 1930, l'emblématique Damia, avec son fourreau noir suggéré par Sacha Guitry, qui lui donna un de ses premiers rôles au cinéma (*Les Perles de la couronne*). Revoyons-la à nouveau :

> Elle se présentait dans une robe-fourreau noire qui contrastait avec la blancheur de son visage. Elle fut sans doute la première à jouer avec la lumière des luminaires qu'elle disposait de chaque côté de la scène comme des pots de géranium. Sa voix avait l'étrange d'un château écossais et l'angoisse des labyrinthes[4].

La robe noire sied aux chanteuses réalistes et Édith Piaf ne la quittera jamais, pas plus que, dans son sillage, l'égérie de l'existentialisme, Juliette Gréco, ou cette autre icône que fut Barbara, la « Dame brune ». Au-delà du symbole, le noir servant l'univers de la chanson réaliste — Damia chantant « Sombre dimanche » et Gréco « Je hais les dimanches » —, la couleur sombre met en valeur le visage et les mains qui ressortent mieux dans l'éclairage : Yves Montand, lancé et conseillé par Édith Piaf, l'aura aussi compris, avec son pantalon et sa chemise sombre de prolo. Ou Aznavour, tout de noir vêtu, pour son premier tour de chant.

Lorsqu'il la présente à son public du Gerny's, Leplée campe déjà la future Piaf :

> Il y a quelques jours, je passais rue Troyon. Sur le trottoir, une petite fille chantait, une petite fille au visage pâle et douloureux. Sa voix m'a pris aux entrailles. Elle m'a ému, elle m'a bouleversé, et, cette enfant de Paris, j'ai voulu vous la faire connaître. Elle n'a pas de robe du soir et, si elle sait saluer, c'est parce que je le lui ai appris hier. Elle va se présenter à vous telle qu'elle était quand je l'ai rencontrée dans la rue : sans maquillage, sans bas, avec une petite jupe de quatre sous... Voici la Môme Piaf[5].

Édith Piaf se présentera donc au public dans une jupe noire et un pull également noir qu'elle était en train de se tricoter — elle fera du tricot tout au long de sa vie, comme une passion délassante —, avec cette particularité qu'elle essaie d'en terminer une manche le jour même de sa prestation, s'y efforçant même dans la loge d'où Leplée la sortira avant qu'elle n'ait fini de tricoter. Elle camouflera la manche absente sous une écharpe que lui avait offerte l'épouse de Maurice Chevalier, la comédienne Yvonne Vallée, une belle écharpe de soie blanche, après l'avoir entendue répéter le lundi soir. « Avec mes pauvres nippes et mon visage de fantôme, je détonnais dans ce cadre élégant[6] », note Édith, brossant d'elle, dans *Le Bal de la chance*, un portrait écrit — ou plutôt dicté — plus de vingt ans après à son propre culte. Car Édith Piaf, soucieuse, dès le début, de son personnage, saura graver son mythe. Et d'ailleurs, c'est elle qui nous rappelle et recompose — en une sorte de mémoire glorifiante, sans qu'on sache à coup sûr si cette grande dispensatrice de rêves ne tricota pas après coup toute cette histoire — le speech de présentation de Leplée.

Donc la petite robe noire, celle qui est conservée au musée Édith Piaf à Ménilmuche (Ménilmontant, ainsi que le chantait Maurice Chevalier, avec cette gouaille qu'il partageait avec la Môme). Pourtant, Édith Piaf fut sollicitée par les grands couturiers, et elle acheta des robes portant la griffe de Balmain ou de Dior, qu'elle laissait à l'abandon dans son armoire :

Quant aux robes, je ne les mettais jamais ! Sorties de la maison de couture, elles perdaient leur magie, et j'en revenais à mes classiques petites robes noires[7].

Néanmoins, elle achètera en 1953 à Jacques Esterel, tout à la fois auteur-compositeur, dramaturge et grand couturier, qui habillait alors la plupart des vedettes de la scène et de l'écran venus à sa « Boutique Spectacle », une petite robe noire, celle qu'on peut voir dans son musée. Cependant, lors de sa reprise à l'Olympia, en 1960, après plusieurs accidents de santé, malgré la robe et les chaussures neuves que lui avait achetées pour l'occasion sa secrétaire Danielle, Édith Piaf se présenta sur scène avec « une vieille robe de scène, des chaussures usées et déformées[8] ». De même, après sa mort, son vieil ami Jacques Bourgeat, l'auteur de « 'Chand d'habits », rapporte le réveil de la chanteuse et note : « Puis elle passait sa robe de la veille — la même qu'elle portait quand elle chantait dans les rues[9]. » Le mythe de la petite chanteuse des rues, loqueteuse et pitoyable, demeurait malgré le temps ainsi inchangé, sans qu'on sache en définitive quelle était cette robe noire qu'elle portait.

Au point d'occulter le vrai visage d'Édith Piaf, qui pourrait ou qui peut — ou va — nous échapper, mais que tentent de nous révéler différents témoins, ses amis, ses comparses ou quelques journalistes tels que Jean Noli en faisant la part du sensationnel à laquelle l'incite la rédaction de *France-Dimanche*. De là, ces titres éclairants : *Piaf secrète* ou *Piaf, la vérité*. Nous sentons bien qu'il y a un décalage entre la Piaf qui chante et l'Édith qui vit. Notre cheminement va de l'une à l'autre, essayant de dégager un visage qui ne soit pas seulement le pâle fantôme que la scène nous a laissé. Nous savons bien, d'entrée de jeu, qu'elle nous restera toujours insaisissable. Elle qui n'a vécu que pour la scène, et non finalement pour la vie — sa vie qu'elle va sacrifier dans un tourbillon étourdissant d'amours, d'alcool, de drogue, de copains ou d'amants, et de délire —, gardera à tout jamais une grande part de mystère, impuissants que sont biographies et témoignages à nous révéler sa vérité. Celui qui fut, sa vie durant, son papa de substitution, comme elle disait, et qui la connut au Gerny's, en habitué, Jacques Bourgeat, nous a laissé cette lettre éclairante, qu'il adressa à sa « Piafou » en date du 1er mai 1955 :

> Quelle étrange petite bonne femme tu fais ! Je crois bien, depuis vingt ans que je te connais, n'avoir pas encore fait le tour de ta personne. D'où viens-tu ? Qui es-tu ? Il m'arrive, des fois, de chercher à percer le mystère qui t'entoure, d'en être angoissé et de penser que Dieu te fit de ses propres mains avec un soin particulier. Tu n'appartiens pas à la lignée commune des humains, ça c'est un fait, et je te dis cela sans que m'effleure la moindre pensée de flatterie. Je n'ai pas besoin de ce moyen souvent en usage autour de toi pour être un ami que je te sais aimer d'un amour particulier et qui me réchauffe, non, je te dis cela de Jacquot à Piafou, en toute simplicité, en toute amitié[10].

Cette lettre est celle d'un véritable ami — il le sera jusqu'à l'heure du décès d'Édith Piaf — et elle révèle tout de ce que nous percevons après avoir lu les différents témoignages, et notamment les souvenirs publiés par Piaf elle-même. Mais qui peut être surpris ou s'offusquer qu'une artiste — et de cette trempe — use de masques et n'apparaisse jamais sous la lumière de la vérité ? Qu'est-ce d'ailleurs que la vérité ? Ou qu'est-ce que le réalisme ? Qu'est-ce que la vie ? « Une illusion, une ombre, une fiction », nous aura appris le dramaturge espagnol Calderón dans *La vie est un songe*, les songes mêmes n'étant que songes.

Pour leur part, les excellents biographes que sont Pierre Duclos et Georges Martin se plaisent, dans leur *Piaf,* à souligner une « inclination à l'exagération ou à l'invention [qui] n'altère cependant pas la vraisemblance d'une adolescence misérablement aventureuse », concluant fort justement à « l'extrême difficulté qu'aura la célèbre chanteuse à dire tout le vrai de son existence passée, ou, ce qui revient au même, le besoin presque vital de lui conserver une part de mystère[11] ». Dans ce brouillard qui entoure Édith Piaf, dans la nébuleuse de sa vie, ce à quoi nous assistons progressivement, c'est à l'édification d'un mythe, à l'avènement d'une légende. Dès lors, la Môme Piaf va vivre dans la chanson et par la chanson, elle évoluera dans la fiction, la scène — avec un souci scrupuleux et constant de sa mise en scène —, le théâtre, et aussi l'écran, le grand comme le petit, oui, elle va exister dans le masque. Alors, rêvons d'Édith Piaf, dans la fascination des sunlights, oui, rêvons avec elle.

La voie vers la gloire

Édith Piaf ne s'était jusqu'ici produite que dans une cour de caserne — le 12 décembre 1933 Édith avait chanté à la caserne du château de Vincennes, et c'était là, sans doute, son premier contrat, sous le nom de « Miss Édith » —, ou, sous le nom d'artiste « La Môme », sur un coin de comptoir de caboulot mal famé, à Clichy, ou encore sur une scène de cabaret populaire, à Pigalle, comme le Juan-les-Pins, une boîte à garçonnes (on dirait aujourd'hui « lesbiennes ») ou le Royal, fréquenté par les mauvais garçons. Ce qu'elle découvre en se produisant pour la première fois dans une vraie salle, c'est la peur d'affronter un public, et tout bonnement le trac. Et donc, lorsqu'elle fait face à la salle, dans sa vilaine robe, son pull inachevé et, pour le cacher, la belle écharpe de soie blanche qu'on lui a offerte — premier des nombreux cadeaux qui salueront ses succès —, elle est paralysée, au point de vouloir rebrousser chemin. La vie se joue sur un coup de dés, n'est-ce pas ? « Je ne suis pas de celles qui renoncent, affirme-t-elle vingt ans après, la difficulté me stimule, au contraire, et c'est lorsque je vais me croire vaincue que je retrouve, je ne sais où, les forces qui me permettent de continuer la lutte[1]. »

Le parcours que choisit alors Édith Piaf, en s'accrochant à son premier micro, sera, en effet, parsemé d'embûches et d'accidents de toute sorte, dont elle se remettra, justement, par son étonnante énergie et parce que chanter est sa passion, sa raison de vivre. Jusqu'au jour où, forcément, tout lâchera. Et la voilà donc attaquant vaillamment cet air qui dit d'où elle vient et la route qu'elle a suivie jusqu'à aboutir au Gerny's : « C'est nous les mômes, les mômes de la cloche… » Et aussitôt après, les applaudissements, le succès. Ils ne la quitteront plus.

Louis Leplée est aux anges, car il voit bien qu'il a déniché l'oiseau rare. Il la couve d'une tendresse bien nécessaire chez cette enfant privée de mère et dont le père, assez fruste, n'a guère eu envers elle de sentiment filial manifeste — il ne l'aurait embrassée, d'après elle, que deux fois dans sa vie. Leplée la conseille — « Sois toi-même, reste toujours naturelle, etc. » —, se prend un peu pour son Pygmalion, et elle pour sa pupille. Tout naturellement, elle l'appelle « papa ».

Chaque soir, Piaf chante, après quoi elle va faire la fête, boire avec ses copains, ses potes louches de Pigalle, et même, pour le plaisir de se retremper dans l'ambiance d'une fille des rues, chanter dans quelque bouge où la surprendra même, en grande colère, Leplée qui a aussi ses habitudes de drague homosexuelle dans ce Pigalle noctambule et interlope, avec ses boîtes et ses hôtels borgnes, et dont Georges Ulmer saura chanter « le grand marché d'amour…

le coin où déambulent / Ceux qui prennent la nuit pour le jour[2] ». Édith Piaf est de ceux-là. Car elle déteste la nuit, ne se couchant jamais qu'au petit matin, pour ne se réveiller qu'au crépuscule. Voilà une chose dont on est sûr, Piaf ne voulait jamais se coucher — sauf dans les bras d'un homme, car alors cela la rassurait. Dans cette peur de la nuit, il y a tout ce qu'une enfant qui fut abandonnée a pu mettre d'épouvante, de fantômes, de fantasmes.

Chanter, oui, c'est son seul plaisir, et le succès va faire très vite tache d'huile, car outre les habitués du cabaret de Leplée, voilà qu'entre en scène la radio. Marcel Bleustein (qui deviendra Bleustein-Blanchet à la Libération) est un de ces habitués, mais le patron de Publicis, qu'il crée en 1926, est alors celui qui vient de fonder Radio-Cité, dont le directeur artistique n'est autre que Jacques Canetti — le frère du futur prix Nobel Elias Canetti, et celui qui va faire connaître les plus grands noms de la chanson, de Salvador à Brassens, de Brel à Gréco et de Reggiani à Gainsbourg. Bleustein entend Piaf, est conquis par sa voix et la veut sur ses ondes ; le lendemain, dans l'émission en direct de dix-neuf heures trente, pour la première fois, « La Môme Piaf », qui n'a que vingt ans, touche toute la France, en se payant même le luxe, sous le flot des centaines d'appels téléphoniques, de bloquer le standard de la station.

Puis c'est tout aussitôt, le 18 décembre, le premier disque d'Édith Piaf, un 78 tours, chez Polydor (67 boulevard de la Gare, dans le XIIIe arrondissement), où, accompagnée à l'accordéon par les frères Médinger et leur ensemble, elle grave, bien entendu,

« Les mômes de la cloche », mais aussi « L'étranger » (« Il croyait lire en mes yeux / La femme qu'on pleure »), « Mon apéro » (« Je suis un pilier de bistrot / C'est vrai qu'avec les pochards je divague / Chaque fois que j'ai le cœur trop gros ») et « La java de Cézigue » (« On vous corne dans les oreilles / Que la vie n'est pas une merveille »)[3]. Puis les enregistrements vont suivre, à un rythme soutenu, tout au long de l'année 1936. En fait, ils ne s'arrêteront plus. Car chanter, pour Édith Piaf, est son pain quotidien et son oxygène. Même au fin fond de la maladie — on le verra lors de sa rencontre avec Charles Dumont en 1960 —, si une chanson lui plaît et l'électrise, elle renaît, ressuscite, elle est Piaf jusqu'au bout. Son dernier disque précédera de quelques mois son décès, il s'agit d'une bande de répétition à son domicile avec le pianiste Noël Commaret et l'accordéoniste Francis Lai, le 7 avril 1963, un super 45 tours mis en vente en 1968 où l'on grave « L'homme de Berlin » :

Lui... l'homme de Berlin
J´ me voyais déjà l´aimer pour la vie.
J´ recommençais tout, c´était avec lui[4].

Pour cette ultime chanson, qu'elle ne chanta jamais sur scène, Piaf revient à ses premières amours : un homme de passage, le droit d'aimer, l'espoir de repartir dans la vie. Mais cet amour-là, pour l'avoir, Édith Piaf se sera battue bec et ongles. Justement la chanson qu'elle va graver en 1935, dans son premier disque, « L'étranger », est une chanson volée, et qu'Édith Piaf va chanter en l'honneur de Jean Mermoz, illustre habitué du Gerny's. Cette anecdote vaut le détour. Chez Leplée, un soir un grand garçon de trente-quatre ans s'installe à une table. C'est le légendaire aviateur, celui qui a traversé l'Atlantique et participé à la création de la première ligne de courrier aéropostal jusqu'aux terres lointaines du Chili. C'est un héros. Il boit avec ses copains, dont Maurice Chevalier, Mistinguett, Joseph Kessel et Claude Dauphin, et applaudit « la Môme ». Mieux, il l'invite à sa table, lui offre une coupe de champagne et un bouquet de violettes ; il met même un gros billet au fond du chapeau qu'on a coutume de passer entre les tables pour arrondir le cachet de la chanteuse. Celle-ci, qui n'en croit pas ses yeux, fond de bonheur, elle l'admire, est heureuse, plus encore, elle est amoureuse. Hélas ! Mermoz se tuera l'année suivante, perdu dans l'Atlantique en pilotant sa *Croix-du-Sud*, premier de ses amis et amants victimes d'un accident d'avion (il y aura ensuite Marcel Cerdan et Douglas Davis). En attendant, Édith Piaf veut le mettre en chanson, comme elle y mettra toute sa vie. Et voilà qu'en quête de partitions, comme cela se faisait alors, elle arpente la rue Poissonnière et entre dans la boutique de l'éditeur Maurice Decruck. Et là, elle assiste à une audition d'une chanteuse alors bien en vue, Annette Lajon. La petite Piaf en reste pétrifiée dans son coin, mais ouvre bien l'oreille, car la chanson résonne en elle d'une façon incroyable ; son titre, « L'étranger », l'ex-chanteuse des rues en grave les paroles dans sa mémoire :

Il avait un air très doux
Des yeux rêveurs un peu fous
Aux lueurs étranges
Comme bien des gars du Nord
Dans ses cheveux un peu d'or
Un sourire d'ange[5].

Pour elle, il n'y a aucun doute, c'est Mermoz qu'elle voit, son héros, son idole, son ami... Il la lui faut, donc, cette chanson qu'interprète l'autre artiste. Alors elle ruse, elle est maligne cette ex-fille des rues, elle complimente l'Annette, la fait recommencer, et même re-recommencer, de telle sorte qu'elle mémorise la musique et les paroles. Puis s'en retourne au Gerny's, chante « L'étranger » au pianiste Jean Uremer, lui fait retenir la musique, et le soir venu, effrontément, elle s'approprie cette partition, avec grand succès. Peu après, la cantatrice étant de passage au cabaret, elle aurait, dit-on, giflé la « Môme » pour son outrecuidance. Mais pour Piaf, bien peu scrupuleuse en l'occurrence, seule comptait la beauté de la chanson, et elle seule se croyait capable de la servir passionnément.

La Môme Piaf connaîtra aussi une sorte d'apothéose : le 17 février, le cirque Medrano, boulevard Rochechouart, donne un gala de bienfaisance dont la recette est destinée à aider la veuve de celui qu'on appelait « le clown des clowns », Antonet, qui venait de mourir des suites d'une longue maladie ; notons que Louis Gassion, avec sa roulotte, l'avait croisé en Italie et qu'Édith Piaf avait donc sûrement entendu parler de cet auguste. (Elle saura s'en souvenir en créant, en 1953, la chanson « Bravo pour le clown[6] ».) La « Môme » est proposée à l'affiche par l'action conjointe de Radio-Cité, en la personne de Jacques Canetti, et de Louis Leplée. Et là, dans le cirque plein à craquer, devant près de trois mille personnes, elle va partager la vedette avec des chanteurs aussi célèbres que Maurice Chevalier, Mistinguett, Fernandel, Germaine et Jean Sablon, Albert Préjean, Mireille, Marianne Oswald ou Marie Dubas, et même Tino Rossi ! On peut donc dire qu'en ce pré-printemps 1936, Édith Piaf est devenue une chanteuse consacrée, qui a déjà son nom en haut ou, pour le moins, au milieu de l'affiche.

Mais comment définir la voix de Piaf et sa présence sur scène ? Une voix qui, sans doute trop rauque ou éraillée au début, s'est affermie à la maturité et est demeurée, vaille que vaille, et jusqu'au bout, la voix de Piaf. La voix d'Édith Piaf est faite d'un vibrato permanent, qui parcourt deux octaves sur une échelle qui ignore les à-coups ou les baisses de régime. De là une tension uniforme, avec ici ou là, selon les paroles servies par la musique, une raucité, un velours, une caresse vocale qui font de l'expressivité la clé de toute son interprétation. Mais cette voix reste uniforme dans son timbre, il n'y a jamais de saut de gorge, d'effets forcés, d'émission excessive. Il n'y a qu'une émission expressive. On a parlé à son sujet de tragédienne, d'un jeu plein de passion, de pathétique, de douleur.

Nous avons aussi ce jugement d'un jeune journaliste, qui deviendra plus tard l'un des grands chanteurs français et qui, en 1942, écrit, depuis Monte-

Carlo où il est le correspondant local de *L'Éclaireur de Nice* :

> Tragédienne, Édith Piaf l'est sans conteste. Son art, qu'elle tire du plus profond de son cœur, participe de l'humain. À sa voix sombre et volontairement cassée dans le médium, sublime et étrangement triste dans l'aigu, elle ajoute le geste sûr et unique[7].

Ce journaliste niçois n'est autre que Léo Ferré, qui l'a entendue, au printemps 1942, lors d'une tournée de Piaf sur la Côte d'Azur où elle chante, en janvier au Nouveau Casino de Nice, en février au cabaret Musique légère de Marseille, en mars au Sporting-Club de Cannes, puis au théâtre des Beaux-Arts de Monte-Carlo et en avril au Cintra de Nice. Pour s'embarquer le mois suivant et aller chanter à Alger, au Casino de la rue d'Isly, et à Oran*.

Ce qui surprenait, bien sûr, c'est qu'une voix aussi puissante et forte puisse sortir d'un petit bout de femme d'un mètre quarante-sept, d'allure chétive et à la poitrine étroite, qu'on prenait, à ses débuts, avec son allure de pauvresse, pour une naine et une bossue à grosse tête. Imagine-t-on cette petite maigrelette incarner une des Walkyries de Wagner ? Et pourtant, Édith Piaf, qui commença à peupler les rues et les cours de sa voix envahissante, qui

---

* J'étais encore un trop petit garçon pour assister au tour de chant de Piaf à Alger. Mais, quand je fus appelé sous les drapeaux en novembre 1961, une seule chanson soutenait alors le moral des troupes en guerre en Algérie : « Non, rien de rien, non, je ne regrette rien ». Et la chambre populeuse, au soir des manœuvres, était en l'entendant, je l'affirme, secouée de frissons, d'émotion, avec même quelques larmes. C'était toujours la même Piaf qui, en 1943, allait soutenir le moral des prisonniers français au Stalag de Berlin.

chanta dans l'intimité des cabarets, était capable aussi, le succès venu, de submerger de son timbre sonore des salles aussi vastes que le Carnegie Hall de New York, ou la salle Pleyel à Paris. Et puis, c'était l'époque où l'on chantait sans micro : Édith Piaf n'a jamais placé un quelconque micro jusqu'au fond de sa gorge comme font certains fluets chanteurs aphones d'aujourd'hui. La chose est si vraie qu'à la mort de Piaf, on s'échina à trouver des voix dont la seule vertu était la puissance, et ce fut l'avènement de chanteuses, par ailleurs estimables, comme Georgette Lemaire et surtout Mireille Mathieu — qui, elle, passé la nécessaire étape imitative, sut se créer un répertoire personnel et imposer son talent. Et l'on voit à présent une Patricia Kaas reprendre, en Europe ou en Amérique, les grands succès de Piaf, « La vie en rose », l'« Hymne à l'amour », etc. Mais c'est évidemment autre chose qu'on entend.

Et quand Édith Piaf ne chantait pas, quand elle parlait tout simplement, comme elle le fit dans ses nombreuses interviews, pour présenter aussi ses chansons, notamment devant le public américain — et alors elle le faisait dans un anglais assez bien contrôlé avec un accent délicieux car sa voix se faisait toute douce, le velours devenant soie —, ou, bien sûr, au cinéma et au théâtre, en particulier dans *Le Bel Indifférent* où elle devait parler seule, en un long monologue d'une demi-heure, sa voix se plaçait dans le grave et le rauque. Jean Noli, qui fut son ami des dernières années, en porte témoignage en évoquant « sa voix chaude et captivante, vibrante et dénuée de vulgarité ». En fait, elle parlait comme elle chantait, en puisant au fond d'elle-même un timbre quelque peu souterrain, une « voix qui sort des entrailles », comme la qualifia pertinemment Cocteau.

Il y avait toujours une parfaite adéquation entre ce qu'elle chantait et ce qu'elle était ou voulait être. Elle interprétait avec une immense sincérité, sans aucun chiqué. Cela ne veut pas dire qu'Édith Piaf ne préparait pas sa mise en scène ; bien au contraire, c'était une maniaque de la représentation, elle réglait l'éclairage, ses gestes, son physique et sa toilette, toujours la même, qui renvoyait à l'image de la fille des rues, avec son humble robe noire — même si plus tard elle porterait la griffe d'un grand couturier parisien. Sa voix créait un dramatisme tel que le public, d'un bout à l'autre de sa carrière, en a été fasciné, électrisé, submergé d'émotion. Avec des moyens vocaux différents, on pourrait dire que la seule à pouvoir lui être comparée serait la Callas, avec ce même intense pouvoir de bouleverser le spectateur. À vrai dire, un seul mot suffit à définir ce phénomène vocal : la présence.

L'un des récents biographes de Piaf, Emmanuel Bonini, tentant de définir ou d'approcher cette voix, écrit fort justement :

Le miracle de Piaf, car Piaf est un miracle, tient également dans sa présence. Une présence anesthésiante qui bouscule les conventions jusqu'à faire perdre tout sens critique à ceux qui décident de ne pas marcher dans la combine. Aucune artiste au monde, sans doute, n'aura possédé cette présence au même degré qu'elle. Voilà pourquoi elle est aujourd'hui encore considérée comme la plus grande. Parce qu'elle fut toujours en identité parfaite entre ce qu'elle chantait et ce qu'elle était[8].

Bien sûr, vers la fin, cette voix, ou plutôt le corps qui la portait, connut quelques défaillances, et souvent Piaf s'évanouit sur scène, mais dans son retour à l'Olympia en 1960, nulle autre ne pouvait chanter avec autant d'émotion et de force son « Non, je ne regrette rien », et son « Mon Dieu », qui culmine sur cet « encore » aigu (« Même si j'ai tort / Laissez-le-moi encore »), un aigu qui s'arrondissait dans le « o », cette voyelle ronde, et qui était comme une flamme qui sortait de sa bouche, et de cette bouche qui était comme une forge : « Laissez-le-moi EN-COR » ! Et son corps se vidait sur ce « cor »-là, alors que son souffle s'épuisait, interminable, de cette « bouche d'ombre » que se plaisait à évoquer l'ami Jean Cocteau, cette « bouche oraculaire[9] ».

« Édith Piaf »

Mais l'idylle avec papa Leplée ne va guère durer. Sept mois après les débuts d'Édith Piaf, le 6 avril 1936, Louis Leplée est assassiné, à son domicile, 83 avenue de la Grande-Armée. Et la Môme Piaf est aussitôt arrêtée, en garde à vue et interrogée par la police sur ses fréquentations douteuses et ses amis du milieu. Parce que le crime est crapuleux et que le directeur du Gerny's a été dévalisé. D'aucuns auront supposé quelque lien, quelque vengeance du milieu, peut-être du milieu homosexuel, dont Leplée était assidu, mais la conclusion du commissaire Guillaume (rendu célèbre par l'affaire Landru et la bande à Bonnot, et qui servira de modèle au commissaire Maigret, inventé par Simenon) restera sans appel, tout en classant l'affaire au bout de quelques mois : il s'agissait bien d'un crime crapuleux, Leplée ayant conclu la veille une affaire qui lui aurait rapporté une coquette somme. Une bande des « Actualités Gaumont » nous montre la petite Édith Piaf, qui est encore une enfant, en larmes et répondant, effarée, aux journalistes qu'elle ne sait rien et qu'elle n'y comprend rien, sinon que son « papa » a disparu et qu'elle est désemparée. On lui prête ces propos : « Papa Leplée... Papa Leplée qui disait que j'étais sa petite plante, qu'il soignait lui-même chaque matin et qui poussait, poussait, allait devenir très grande... Je ne reverrai plus papa Leplée[1]. » C'est pourtant elle qui, devant le commissaire, a donné tous les noms de ses copains de Pigalle, souteneurs, amants, potes, et ces petites frappes dont, semble-t-il, Leplée était friand.

Elle restera longtemps éclaboussée par ce scandale, bien que l'affaire ait été classée sans suite, et le public, toujours avide de rumeur, ne manquera pas, pendant un certain temps, de faire pleuvoir huées et quolibets dans les cabarets où elle reprendra son tour de chant, à Paris ou en province.

« La Môme », comme l'appelait « papa Leplée », a vécu dans le cercle familier et rassurant du patron du Gerny's sept mois durant. Jusqu'à ce 6 avril 1936, où son univers s'écroule. Mais pas son répertoire, car deux ans plus tard, elle racontera à Raymond Asso l'histoire du meurtre et ce génial parolier en fera une chanson phare pour sa belle mousmé, « Browning » :

Il a roulé sous la banquette
Avec un petit trou dans la tête
Browning Browning.
Oh ! ça n'a pas claqué bien fort
Mais tout de même il en est mort[2].

En attendant, et malgré toute sa peine — et Édith Piaf montrera plus tard qu'aux pires moments de sa vie, et même dans la brisure épouvantable de son cœur, elle était capable de crier sa douleur et d'exprimer sa révolte —, il faut vivre, et la passion de chanter secoue celle qui est encore « la Môme ». Il lui faut trouver d'autres points de chute. Paradoxalement, ce sera facile, en raison du scandale qui entoure sa personne, après ses quarante-huit heures de garde à vue et son retentissement dans la presse. D'autant qu'elle assistera aux obsèques de Louis Leplée en l'église Saint-Honoré-d'Eylau, et sera même la plus photographiée parmi l'assistance. Le lendemain, elle se fait engager dans une boîte à travestis, à Pigalle, le cabaret O'Dett (du nom de « Drag Queen » du patron). Elle se produira aussi dans deux autres boîtes de Pigalle, l'Ange rouge et le Gipsy's. Elle est accompagnée dans son tour de chant par l'accordéoniste Robert Juel, qui est précisément celui qui a mis en musique « L'étranger », et qui sera alors son musicien habituel. Celui qui est à l'origine de ces contrats n'est nul autre que Bruno Coquatrix, qui prendra en 1954 la direction du plus grand music-hall d'Europe, l'Olympia. Pour l'heure, il n'est que directeur artistique chez O'Dett. Et il va aussi, à sa manière, influencer l'image d'Édith Piaf, encore prisonnière de ses prestations au Gerny's. Il aménage donc chez elle une nouvelle version de la toilette en pauvresse de l'ex-chanteuse des rues. Il impose, définitivement, une robe noire mais en soignant l'aspect extérieur de la « Môme », avec des poches où Édith Piaf peut glisser ses mains, ses mains dont elle ne sait encore que faire, au lieu de les plaquer vilainement sur ses hanches, comme elle le faisait toujours — et comme elle le fera par la suite aussi, mais de façon plus étudiée et plus esthétique. Il lui apprend, donc, à se tenir élégamment, et cela va évidemment servir l'ascension — irrésistible — de la chanteuse. Mais ce cabaret de Pigalle attire la foule malveillante de ceux qui ont suivi « le crime de la Grande Armée », comme titraient les journaux au moment de l'affaire Leplée. Évoquant ce moment de sa vie, Édith Piaf confie son amertume à Momone : « O'Dett était content. J'étais l'attraction. C'était plus la rue qu'ils venaient entendre chanter, c'était le ruisseau, l'égout[3]. »

En même temps, Édith Piaf reste sous contrat à Radio-Cité. Canetti et Bleustein non seulement continuent de la programmer, mais savent intelligemment utiliser le scandale qui a suivi l'assassinat de Leplée à des fins publicitaires. Le 7 mai, un mois donc après le meurtre, Édith Piaf enregistre un nouveau disque et quatre chansons pour Polydor, dont « Mon amant de la Coloniale », de Raymond Asso et Robert Juel, de plus en plus présents au répertoire de la « Môme ». Ce disque l'ancre décidément dans la chanson réaliste :

C'était un gars de la Coloniale,
Il avait là, partant du front
Et descendant jusqu'au menton,
Une cicatrice en diagonale,
Des cheveux noirs, des yeux si pâles,
La peau brûlée par le soleil,
J'en ai plus jamais vu de pareils
À mon amant de la Coloniale.

Le « Légionnaire » n'est pas loin, avec le même profil, et l'insistance exotique sur le soleil des colonies et les cicatrices du dur métier de mercenaire. La musique, chaloupée au cabaret par l'accordéon de Juel, mais à présent soutenue par un vrai orchestre, celui de Georges Aubanel, pour la première fois, dans ce nouveau disque d'Édith Piaf, renvoie au répertoire d'alors, celui de Fréhel (« Si tu n'étais pas là/Comment pourrais-je vivre[4] ? ») ou de Marie Dubas, l'amante de Pierre Benoit, (« J'suis qu'une ordure, qu'une fille perdue [...]/ une fille d'amour pleine de péchés », de « Prière de la Charlotte[5] »), toutes deux fort admirées par la « Môme ». Que d'amants dans ces chansons, et que de filles éperdues ou perdues ! « Mon amant de Saint-Jean » sera bientôt convoqué, Lucienne Delyle l'enregistrera en 1942 et en fera son plus grand succès, mais, sauf erreur, Édith Piaf n'a jamais chanté cette valse magnifique. Elle chantera, elle, « Les amants de Venise », et surtout « Les amants de demain », rengaine du film éponyme, de Marcel Blistène, dont elle sera bientôt la vedette.

Et puis, pour sortir de ces petits contrats de cabaret, Édith Piaf — qui a toujours su forcer le destin — a l'idée de pousser la porte de Fernand Lumbroso, l'imprésario d'une des chanteuses alors les plus en vue, Marianne Oswald (Sarah Alice Bloch pour l'état-civil), qui, fuyant le nazisme montant, chantait alors Kurt Weill à Paris — un répertoire que saura reprendre Juliette Gréco. Lumbroso, qui sera dans les années 1980 le directeur du théâtre Mogador, est déjà un homme de spectacle et un organisateur-né. Il va décrocher pour Édith Piaf un premier contrat de quinze jours dans un cinéma de Brest — Édith Piaf chantant volontiers les marins, comme dans « Le mauvais matelot », ou reprenant un tube que Suzy Solidor chantait avant la guerre :

Le flot qui roule à l'horizon
Me fait penser à un garçon
Qui ne croyait ni Dieu ni diable.
Je l'ai rencontré vers le nord
Un soir d'escale sur un port
Dans un bastringue abominable[6].

La poésie portuaire, avec ces marins qui ne font que passer, et ces amours sans lendemain, ardentes et folles, dans un climat d'urgence et de désespoir, aura fortement marqué la chanson française, jusqu'à son dernier — et génial — avatar : Jacques Brel, si proche de Piaf, gueulant de toutes ses tripes : « Dans le port d'Amsterdam y'a des marins qui chantent[7] ». À Brest, Édith Piaf est toujours accompagnée par l'accordéoniste Robert Juel, ainsi que par Momone sur la scène du cinéma où, après son tour de chant en lever de rideau, on projette alors un film avec Edwige Feuillère (qui apparaît au bain, nue, féerique et émouvante) : *Lucrèce Borgia*. Et Momone, qui est capable de tout faire, avec un culot à toute épreuve, joue alors les présentatrices, comme il y en avait toujours au cabaret, gouaille et vulgarité comprises : « Idylles des barrières, rengaines des faubourgs sont par la Môme Piaf évoquées tour à tour[8]. » Ce couplet joliment tourné sort, à n'en pas douter, du bureau promotionnel de Lumbroso.

Entre deux tournées, elle se produira aussi dans quelques cinémas à Paris. C'était l'époque — et cela a duré jusque dans les années 1950, par exemple dans le plus grand cinéma parisien, de plus de trois mille places, Le Rex — où le film était précédé d'un spectacle de variétés, avec chanteurs, chansonniers ou illusionnistes. Puis elle décrochera un contrat plus substantiel à Bruxelles. Un autre à Nice, où Piaf restera trois mois, à la faveur d'une campagne publicitaire qui, selon Momone, alléchait le public avec ses hommes-sandwichs promenant leur affiche : « La Môme Piaf a-t-elle assassiné ? Est-ce elle ? Vous le saurez ce soir en venant à La Boîte à vitesses[9]. » C'était le nom du cabaret, situé au sous-sol de chez Maxim's ; où l'on voit que tous les moyens étaient bons pour susciter l'intérêt, la curiosité. Surmontant sa rage initiale, la petite Édith Piaf y avait finalement trouvé son content, car la foule se pressait au point de l'obliger à prolonger son contrat. Édith Piaf se souvient de ce séjour niçois, mais ne nous en donne pas la même image que sa complice Simone, car contrairement à ce que dit cette dernière en évoquant la « publicité » des hommes-sandwichs, peut-être imaginée ou fantasmée par Momone, la chanteuse écrit qu'elle se trouvait bien à Nice, « les clients ignorant (ou à peu près) l'affaire Leplée, dont les journaux de la Côte avaient peu parlé[10] ». Où l'on voit combien il est difficile de séparer le faux du vrai.

À son retour à Paris, Édith Piaf, qui en a assez de bourlinguer en province ou de se produire sur de pauvres scènes de cabarets et de cinémas parisiens, téléphone à Raymond Asso, qui l'avait sollicitée avant son départ pour Nice, se disant prêt à l'aider. Édith Piaf se rappelle cet échange téléphonique :

— Raymond, veux-tu t'occuper de moi ?
— Tu le demandes ? me répondit-il d'une voix qui me mit du soleil dans le cœur. Il y a un an que je t'attends ! Prends un taxi et viens.
J'étais sauvée*[11].

Il lui aurait même dit alors : « Prends un taxi, arrive, je paierai la course[12]. » Raymond Asso est né niçois en 1901. Il est grand, mince, laid avec un teint basané, qu'il a peut-être ramené du Maroc où il a longtemps vécu, dès l'âge de quinze ans, exerçant divers métiers : berger, chauffeur, militaire dans le corps prestigieux des spahis et, en particulier, gérant de boîte de nuit. Momone, dans *Piaf*, le présente ainsi : « Un homme, un vrai, il était solide. Il était mince, presque maigre, le poil long, le muscle long, le ventre plat. Il n'était pas beau. Il riait rarement, mais il avait de la présence[13]. » Mais surtout, cet homme qui a fait tous les métiers, et notamment spahi, ce qui lui donne une auréole de séducteur et d'aventurier, est poète, il écrit des chansons qu'il va porter aux maisons d'édition et réussit à faire son trou dans ce métier avec succès. À trente ans, il est le parolier et secrétaire de Marie Dubas, pour

* Dans son livre de Mémoires antérieur, *Ma vie*, Édith rapporte le même coup de fil en des termes sensiblement différents, mais le contenu reste le même (cf. *Ma vie*, Union générale d'éditions, 1964, p. 31).

qui il écrit « Mon légionnaire » en 1936, sur une musique de Marguerite Monnot. Plus tard, il sera l'auteur du célèbre « Comme un petit coquelicot », que chantera Mouloudji, en 1952, et, en 1954, du « Ninon, ma Ninette », grand succès d'Yves Montand (« Dis-toi bien que la vie / Ne vaut rien sans l'Amour ! », des paroles que Raymond sut mettre tant de fois sur les lèvres de Piaf). C'est dans ce milieu musical qu'à Paris il fréquentera le Gerny's et rencontrera la Môme Piaf à ses débuts. Raymond et Marguerite — qui est une pianiste virtuose, sortie du Conservatoire, élève de Cortot et de Nadia Boulanger — ne vont pas tarder à être les anges gardiens d'Édith Piaf, lui par sa poésie, elle par sa magnifique inventivité musicale. Un talent déjà reconnu en 1935 (elle a alors vingt-deux ans), lorsque, avec la chanson « L'étranger », elle reçoit le Grand Prix de l'académie Charles-Cros du disque français. Et c'est justement cette chanson qu'avait chantée un soir la Môme au Gerny's, puis enregistrée pour son premier disque chez Polydor.

Au retour de Nice, en décembre 1936 donc, Asso va entrer dans la vie de Piaf et la modeler, en remarquable Pygmalion. Momone aura cette formule lapidaire : « C'est Leplée qui a découvert Édith Piaf, mais c'est Asso qui l'a fabriquée[14]. »

Momone

Il est temps de revenir à cette « Momone » qui figure sur tant de photos de presse d'Édith Piaf et qui n'est jamais loin de la chanteuse. Qui est cette Momone à laquelle Sylvie Testud prêta son jeu de scène et son visage de Gavroche dans le film *La Môme*, d'Olivier Dahan, aux côtés d'une Marion Cotillard, grimée à l'extrême pour camper une Piaf plausible ?

Elle apparaît à plusieurs reprises dans les souvenirs d'Édith Piaf, alors qu'elle était encore chanteuse des rues, et en fait une camarade d'infortune. Dans les Mémoires de Simone Berteaut, nous avons un tout autre son, avec cette première phrase du livre : « Ma sœur Édith… nous partagions le même père : Louis Gassion[1]. » Était-ce parce que Édith Piaf l'appelait sa « frangine », façon familière de parler, à ne pas prendre au sens littéral ? Toujours est-il que Momone, comme elle la surnommera, a toujours prétendu, on l'a dit, être la demi-sœur de Piaf. Et c'est en s'autorisant de cette consanguinité usurpée qu'elle va écrire, six ans après la disparition de la chanteuse, son *Piaf,* un ouvrage monumental qui apparaît moins comme une biographie que comme un roman, où elle raconte tout ce qu'elle veut, pense, croit, imagine sur cette femme qu'elle dit avoir adorée, tout en la jalousant forcément, vu son insistance à se présenter comme une camarade « bonne à tout faire », disponible vingt-quatre heures sur vingt-quatre et aux ordres de l'exigeante vedette. Une lettre d'Édith Piaf adressée à son vieil ami Jacques Bourgeat, datée de septembre 1936, lève toute ambiguïté quant à la prétendue sororité de Momone : « Je vais retourner chez papa, lui confie-t-elle, et je vais prendre ma petite copine Simone dont je t'ai tant parlé[2]. » Pour Piaf, elle n'est donc qu'une camarade, une « copine ». Mais l'autre, depuis l'adolescence, s'est tellement identifiée à Édith qu'elle a fini par croire qu'elles étaient vraiment sœurs. Pourtant, Édith Piaf ne parle pratiquement jamais d'elle dans ses deux livres de Mémoires, *Ma vie* et *Au bal de la chance*. En revanche, elle évoque ici et là son amie Ginette Richer, dite Ginou, qui, après avoir vécu dans son intimité pendant quinze ans, écrira elle aussi ses Mémoires, *Mon amie Édith Piaf*, en délivrant un portrait bien différent, parce que magnifié, de la chanteuse qui, dans une photo dédicacée, la nomme « sa meilleure amie*[3] ». Qui croire et que penser ? Bien plus fiable est la mémoire de Danielle Bonel qui fut aux côtés d'Édith Piaf pendant ses dix-huit dernières années. Nous essayons ici de naviguer au

---

* Notons que dans la longue liste des amis qu'elle remercie, Ginou Richer ne cite à aucun moment Simone Berteaut.

plus près, en prenant de l'un, de l'une, de l'autre, tout en sachant bien qu'Édith Piaf avançait toujours masquée, même et surtout quand elle parlait d'elle-même.

Le témoignage de Simone Berteaut est précieux, utile, nécessaire, car il nous permet de reconstituer l'existence d'Édith Piaf, ses heurs et malheurs, et d'éprouver sa présence. Mais en le relativisant toujours au nom de la subjectivité et, probablement, des mouvements psychologiques contrastés de la mémorialiste. Momone est une fille des rues, comme Édith Piaf, nées dans l'abandon, élevées dans la misère et l'Assistance publique, toutes deux y échappant par leur malice de titis parisiens et leur savoir-faire. Compagne d'errance, Momone le restera toujours et sa présence auprès de la chanteuse devenue glorieuse apparaîtra toujours comme un rappel du passé, une pièce rapportée et gênante, et donc un danger ou une ombre pour Piaf.

Par une sorte de mimétisme inversé, les deux filles ayant connu le ruisseau, le milieu, ses débauches et ses beuveries, on a l'impression, à lire Momone, qu'elle prête à Édith Piaf ses propres dérives. Momone buvait beaucoup et jalousait sa compagne de Belleville : au cœur de l'idylle entre Cerdan et Piaf, à New York, et alors que la discrétion était de mise, faute de quoi la carrière de l'un et de l'autre en aurait été fort compromise, Simone, excédée par cet amour si évident, dont elle se sentait exclue, menace, au cours d'une violente altercation avec le couple, d'aller tout révéler à la presse. Il fallut au plus vite se séparer d'elle, la mettre dans le premier avion pour Orly, et Édith Piaf de déclarer alors que leur amitié était finie et bien finie. Adieu, Momone... Mais celle-ci reparaîtra périodiquement dans l'existence de la chanteuse, à son grand dam. Inexistante, barrée, gommée, Momone n'a plus de matériau pour remplir les dernières années d'Édith Piaf, qui n'occupent qu'un bref espace dans le volumineux ouvrage qu'elle a consacré à bâtir « sa » Piaf.

Le légionnaire

Revenons à l'élément le plus positif et déterminant de la vie de la jeune Piaf, et à sa figure tutélaire : Raymond Asso. Il est de quatorze ans plus âgé qu'Édith Piaf et va prendre le relais de Louis Leplée, le découvreur, et devenir à son tour un « papa » pour elle. C'est un homme de spectacle qui va lui apprendre son métier et lui donner son professionnalisme. Il lui apprendra à lire, à bien lire, à comprendre ce qu'elle chante et à l'interpréter. Il lui apprendra même à s'habiller, dans un style sobre et aussi dépouillé que lui-même était ascétique, en lui interdisant de barbouiller ses lèvres d'un rouge trop violent pour son visage si pâle. Il sera aussi son amant, dans la logique d'un Pygmalion qui s'éprend de sa créature. Ils vivront ensemble trois ans et Piaf saura en tirer la leçon :

Raymond m'a appris à devenir un être humain. Trois ans de tendresse pour m'apprendre qu'il existe un autre monde que celui des putes et des souteneurs[1].

Parolier avant tout, Raymond Asso est celui qui écrira pour Piaf ses premiers succès. Des chansons qu'elle qualifiera plus tard de « talismans », tant par elles la chance lui a souri et le succès l'a comblée.

C'est à ses débuts chez Leplée qu'Édith Piaf a rencontré ce bonhomme maigre, brun, au nez si grand qu'il aurait pu lui occasionner des ennuis à l'époque de Vichy, quand on obligeait certaines personnes qualifiées de « typées » à se soumettre à un examen anthropométrique visant, soit à les expédier *ad patres*, soit à les dédouaner de traits « judaïques » (Joseph Losey en a dressé un portrait — un procès — saisissant dans son film *Monsieur Klein*, l'un des meilleurs rôles d'Alain Delon). Sauf qu'il lui arriva d'écrire dans *La Gerbe,* journal collaborationniste et antisémite des années 1940. Ce qui fait, d'ailleurs, qu'à la Libération il crut bon d'aller respirer le bon air de Genève. Dans les milieux artistiques de l'époque, on l'avait surnommé, justement, « Cyrano », et c'est ainsi qu'Édith Piaf l'appelait, avec une affectueuse moquerie. Pour sa part, Danielle Bonel, qui vécut dans l'intimité d'Édith Piaf les dix-huit dernières années de sa vie, mais qui la connut dès son premier spectacle à l'ABC en 1937, le présente comme « grand, maigre, vilain, un nez étrange en lame de couteau[2] ».

Édith Piaf nous dit, dans *Au bal de la chance,* qu'elle a fait sa connaissance chez un éditeur de musique, où elle est allée très tôt fouiner, comme on l'a vu, à la recherche d'une belle chanson à mettre à son répertoire. Et ce fut, donc « L'étranger ». Elle le décrit ainsi, comme un métèque :

C'était... Raymond Asso. Long, maigre, nerveux, le cheveu très noir et le teint basané. Il me regardait, le masque impossible[3]...

L'ancien légionnaire écrit, d'abord pour Marie Dubas, une chanson inspirée par son crapahutage dans les rangs de la Légion, « Le fanion de la Légion », qui sera la première chanson d'Asso que chantera Édith Piaf, et qui rapporte l'épopée de trois légionnaires dont le régiment est décimé et le fanion ravi par l'ennemi.

Cependant, en 1935, elle le fuira, car au début il lui faisait peur, sans doute. Mais elle savait aussi, au fond d'elle-même, qu'ils se retrouveraient puisqu'il lui avait proposé son aide et se disait prêt à lui écrire des chansons. C'est donc à son retour de Nice, et cette fois animée de meilleures intentions, dégoûtée, sans doute, de ramer et de galérer, qu'elle va retrouver Asso. Qui va la former et écrire, pour ses grands beaux yeux larges, des yeux « tantôt bleus, tantôt gris, tantôt verts, tantôt sombres[4] », de magnifiques chansons dont il faut bien analyser l'intention et le style.

Ce sont des chants nomades, de gens venus d'ailleurs et repartis là-bas, marins, soldats, légionnaires, contrebandiers, bandits. Au centre est toujours cet amour éphémère, un amour impossible. Mais un amour qu'il faut avoir connu et vécu, malgré ses misères. Il y a toujours la chanson du mal-aimé, une note au-dessous d'Apollinaire. Et l'enfant abandonné, la femme seule, la femme qui pleure (« Il croyait lire en mes yeux / La femme qu'on pleure ») : Édith Piaf. Car si Asso suit la mode et les archétypes de la chanson réaliste, il adapte bien vite ses paroles à ce que lui raconte sa protégée — qui n'est jamais silencieuse, et parle et babille et se confie à l'infini.

Nous trouvons donc, au début, ces personnages typés et réalistes : le contrebandier qui tombe finalement sous les balles frontalières, lui qui « avait la fraude dans le sang / Il attendait les nuits sans lune /… Pour se faufiler par les grandes dunes / Où le vent de la mer nous pique les yeux » (« Le contrebandier », 1936) ; le marin et la femme qu'on abandonne au port : « Il partit sur son navire / Son beau navire tout blanc / Il partit sans me le dire / Un soir au soleil couchant » (« J'entends la sirène », 1936) ; thème repris dans « Les marins ça fait des voyages » (1936) : « Faut pas pleurer ! Aie du courage ! / La mer est belle et puis dis-toi / Qu'on n'y peut rien ni toi ni moi / Et que les marins faut que ça voyage » ; et puis la cohorte des soldats exotiques, « Mon amant de la Coloniale » (1936), avec sur le visage la géographie de sa bourlingue et de sa mort : « Il est reparti vers son soleil / Mon bel amant de la Coloniale »[5].

Avec un paroxysme — ou disons même une sublimation — dans le très célèbre « Mon légionnaire » — un succès qui a traversé toute la vie de Piaf — : « Y'avait du soleil sur son front / qui mettait dans ses cheveux blonds / De la lumière ! », et la récurrence du thème des cicatrices, ou d'un corps marqué par la vie : « Dans le ciel passaient des nuages, / Il a montré ses tatouages[6]. » Or cette chanson, inspirée à Raymond, semble-t-il, par une histoire d'amour que la jeune Édith Piaf lui avait rapportée, et qu'il lui propose en premier de chanter, voilà que, dans un premier mouvement, elle la refuse, et c'est Marie Dubas, la grande aînée, qui la crée.

Mais au fil de la collaboration avec Édith Piaf, qui succède à Marie Dubas, la chanson réaliste évolue et va se fixer sur des faits quotidiens — il en ira bientôt ainsi avec les successeurs, Gréco, Bécaud ou Aznavour — et les grands thèmes amoureux, comme cet hymne à la passion qui rassemble déjà les thèmes à venir où triomphera Piaf : « C'est lui qu'mon cœur a choisi / Et quand y m'tient contre lui / Dans ses yeux caressants / Je vois l'ciel qui fout l'camp / C'est beau c'est épatant » (« C'est lui que mon cœur a choisi »), qui annonce déjà « La vie en rose » (« Quand il me prend dans ses bras / Qu'il me parle tout bas / Je vois la vie en rose »[7], paroles d'Édith Piaf, 1945) ; ou dans le beau poème de « Un jeune homme chantait » (1937, mis en musique par Léo — Leib en yiddish — Pol, le père de Michel Polnareff) : « Il a défait son corsage / Puis il a dit "Je suis heureux". / Il a défait son corsage / Elle a dit : "Toujours… Nous deux[8]". »

Le dramatisme — ou mélodramatisme — de la chanson réaliste reste présent : après le « Crime de l'avenue de la Grande-Armée », Asso compose « Browning », où l'on trouve cette évocation de coup de feu en pleine tête du pauvre « papa Leplée » : « Il a roulé sous la banquette / Avec un p'tit trou dans la tête[9]… »

Et surtout dans « Paris-Méditerranée », après qu'Édith Piaf lui a raconté sa rencontre amoureuse avec un homme dans le compartiment du train qui la menait à Nice, ce que Raymond Asso transcrit de la façon la plus simple qui soit, comme un récit, comme une confidence, jusqu'au dramatisme final qui n'est même pas appuyé, ce qui le rend d'autant plus efficace :

Lorsque je me suis éveillée
Dans une gare ensoleillée
L'inconnu sautait sur le quai
Alors des hommes l'entourèrent
Et tête basse ils l'emmenèrent
Tandis que le train repartait[10].

Asso a lui aussi évolué vers plus de poésie, moins de pathos et de clichés. Il est un parolier inspiré, fécond, apprécié. À sa mort, en 1968 — Asso survécut cinq ans à celle d'Édith Piaf —, Bruno Coquatrix, lui rendant hommage dans *Les Lettres françaises*, dit qu'il fut « un des plus grands créateurs que la chanson dramatique ait connus[11] ».

Édith Piaf s'est raccrochée à Raymond Asso à un moment de sa vie où, après la mort de Leplée et la fermeture du Gerny's, elle allait ici et là, courant après de misérables contrats, et presque à la dérive, d'autant que la présence à ses côtés de Momone ne devait sûrement pas la pousser à plus d'équilibre. Elle s'est accrochée à lui comme à une planche de salut et cela va marquer, à l'évidence, un tournant capital dans sa vie de chanteuse des rues et de cabaret. Il la sauve, non seulement de ses mauvaises fréquentations et des marlous de Pigalle qui cherchent à nuire à sa carrière commençante, mais surtout des chansons qu'elle chantait jusqu'alors en jouant les pauvresses. Il lui donne des leçons de musique, de chant et d'articulation. La chanteuse de beuglants va désormais se transformer en superbe artiste de music-hall. En vedette qui saura conquérir le public d'Europe et d'Amérique. Édith Piaf consigne son état d'esprit du moment, avec un certain pathos, soulignant, non sans désespoir, un masochisme qui sera, d'ailleurs, l'un des traits permanents de sa personnalité :

> Je me vautrais dans la bêtise comme une sale petite bête dans la boue. Je m'y complaisais. Et dans la laideur aussi. Plus mes chansons étaient idiotes, plus je me sentais laide... et plus j'étais contente. J'éprouvais une sorte de mauvais plaisir à détruire, à me détruire, et à gâcher tout ce qui était beau.
> C'était ma façon à moi de désespérer[12].

Raymond la prend en main, la façonne, la transforme même physiquement : lui apprenant à ne pas rester les bras ballants, les mains collées sur ses cuisses, et il lui apprend aussi à bien prononcer les mots, qu'elle écorche, en fille de Belleville qui n'est pas trop allée à l'école, bref, il fait son éducation. Avec lui, elle découvre les livres, la littérature pour laquelle elle manifestera sa vie durant une soif et un grand intérêt ; et puis il va enrichir son répertoire avec des chansons qui s'écartent peu à peu des conventions réalistes pour entrer dans la poésie, la passion amoureuse, et ressembler au visage de la jeune Édith Piaf. Cela prendra trois ans, jusqu'en 1939 et le départ de Raymond à la guerre — ce qui marquera la séparation du couple. Raymond aimait Édith Piaf bien plus qu'Édith Piaf n'aimait Raymond, c'est ainsi.

Sur le plan du travail et de la discipline, Raymond se montre inflexible et sévère. Pour la sortir du cercle vicieux des cabarets (l'O'Dett, le Latin, l'Ange rouge…), il va faire le siège du producteur le plus en vue du moment, Mitty Goldin, qui a racheté un prestigieux music-hall, le Plaza, sur le boulevard Poissonnière, pour créer ce nouveau théâtre qu'est l'ABC — pour être « toujours en tête, par ordre alphabétique, des programmes parisiens[13] », dira-t-il avec humour), où se produiront les plus grands : Marie Dubas, Tino Rossi, Lucienne Boyer, Suzy Solidor, Réda Caire, Marianne Oswald ou, en 1938, Charles Trenet, qui y fait ses débuts. Piaf entre donc, pour la première fois, dans ce qui va devenir le temple du music-hall le 26 mars 1937, véritable amorce de sa prestigieuse carrière, et son nom s'inscrit à l'affiche aux côtés de Félix Paquet et de Gaston Ouvrard, le populaire comique troupier (sans qui nous n'aurions sans doute pas eu Boby Lapointe, son héritier en virelangue ou fourche-langue), dont le chef-d'œuvre, « J'suis pas bien portant » — « J'ai la rate / Qui se dilate, / J'ai le foie / Qu'est pas droit[14] » —, qu'il débitait juste après le tour de chant d'Édith Piaf, fut pour elle une époustouflante leçon d'articulation, et comme un couronnement des cours de déclamation de Raymond Asso — la pauvre ne se doutait pas qu'elle subirait dans son corps, en ses dernières années et au cours de multiples maladies et accidents de santé, toutes les misères que Gaston Ouvrard énumérait avec tant de commisération comique.

Pour sa première à l'ABC, Édith Piaf entre en scène tandis que l'accordéon joue la ritournelle des « Mômes de la cloche », sur une musique de Vincent Scotto, qui sera aussi le musicien du numéro suivant, celui d'Ouvrard. Cette fois, ce n'est plus la miséreuse, la fille des rues, la Môme, qui entre en scène, mais une femme en belle robe noire et bien coiffée, et elle va chanter ce nouveau répertoire que Raymond a concocté pour elle : « Un jeune homme chantait », « Browning », « Le contrebandier » et « Mon légionnaire ». Succès immense et ovation pour la jeune vedette. La presse célèbre l'avènement d'une chanteuse : Henri Jeanson, journaliste en vue du *Canard enchaîné* et, déjà, dialoguiste de talent qui vient de signer *Pépé le Moko*, en 1936, ce film sur la Casbah d'Alger et sa pègre où l'on voit la grande Fréhel chanter « Où est-il donc ? » (avec des paroles qui annoncent ce que Piaf chantera sous l'Occupation : « Où sont-ils les amis, les copains[15] ? »), écrit alors : « Avez-vous entendu la Môme Piaf ? C'est la voix même de la révolte. La troubleuse d'ondes. Elle chantait l'autre jour une chanson sur la douane. On avait l'impression de passer la frontière[16]. » Le journaliste perçoit là le génie de Piaf : le cri de la vérité, et de souligner le dramatisme émouvant d'une Édith Piaf qui n'a que vingt-deux ans, et qui, pour sa part, vient de découvrir le miracle de la transfiguration. Cette petite femme au physique si peu accordé à ce qu'on attend d'une chanteuse — celui de Fréhel, robuste Bretonne, celui de Damia, grande tragédienne de la chanson, celui de Marie Dubas, reine du music-hall, qui l'a précédée auprès de Raymond Asso — chante en petite robe noire et col d'écolière, campée sur des chaussures qui ne seront jamais à hauts talons (car elle ne les supportait pas), jamais outrageusement maquillée puisque Raymond avait banni le rouge à lèvres, mais qui, en revanche, est dotée d'une voix puissante, surprenante dans un si petit corps, qui enveloppe, saisit, entre par tous les pores de la peau du spectateur.

Laissons pour finir la parole à Édith Piaf elle-même qui s'émerveille de l'article publié par Maurice Verne dans *L'Intransigeant* au lendemain de sa triomphante première prestation au music-hall, et qu'elle reproduit dans son autobiographie *Au bal de la chance* :

> La môme Piaf, c'est l'ange triste et fougueux du bal musette. Tout d'elle vient des faubourgs, sauf sa tenue de Claudine 1900. Ô, Colette ! voici miraculeusement ressuscité le cheveu court bouffant de Claudine, le col de lingerie sur lavallière, la robe noire pareille à un sarrau d'écolière. La môme Piaf a du talent : sa voix monte, métallisée, dirait-on, de fer-blanc, dans une cour d'immeuble imaginaire[17]...

On voit bien là comment Édith Piaf s'est métamorphosée. La fille du faubourg de Belleville est devenue parisienne, la rebelle a pris les allures sages de la petite fille de Colette — qu'Édith Piaf rencontrera bientôt, au faîte des honneurs, lorsque le président Herriot lui remettra, en 1962, le Grand Prix de la chanson française.

Exit la « Môme Piaf », avènement d'« Édith Piaf ».

L'homme au monocle

Raymond Asso part à la guerre, Paul Meurisse — réformé — entre en scène et s'empare du cœur d'Édith Piaf. Une liaison qui va durer deux ans. Il faudra, d'ailleurs, nous y faire : les amours de Piaf, nombreuses et tumultueuses, seront toujours de courte durée. Si la guerre a fermé les scènes de spectacle, l'armistice leur rend leurs paillettes. Alors que Madeleine Renaud reprend pied à la Comédie-Française, Édith Piaf, qui s'était trouvé un contrat à Deauville, rentre précipitamment à Paris et se produit au cabaret L'Européen, près de l'Étoile. Dans la même rue Arsène-Houssaye, un autre cabaret, l'Amiral, où se produit Germaine Sablon — tandis que son frère Jean fait le *crooner* aux Amériques —, accueille un jeune chansonnier à la voix grave et au physique impassible, Paul Meurisse. Travaillant l'un en face de l'autre, ils se rencontrent forcément, vers la fin de l'année 1939, au bar La Caravelle où les artistes se retrouvent vers minuit, après le spectacle. On ne saurait imaginer deux êtres plus dissemblables. Paul Meurisse, né à Dunkerque, est fils d'un directeur d'agence de la Société Générale, étudiant en droit à l'université d'Aix-en-Provence, puis clerc de notaire, et enfin agent d'assurances à Paris, avant de briser là et de se lancer dans le spectacle. Grâce à son beau timbre de voix — qui fera de lui un formidable comédien : qui ne l'a entendu interpréter, d'une voix de stentor, le Révolutionnaire de *Pauvre Bitos* d'Anouilh, président, jubilatoire, du comité d'« épuration » ! —, il remportera un radio-crochet en 1936 et commencera aussitôt à se produire en cabaret où il recueille un certain succès en racontant et chantant d'une voix sinistre des histoires drôles. Sa casquette de pince-sans-rire l'accompagnera tout au long de sa carrière cinématographique, avec le rôle inénarrable du « Monocle » dans la trilogie d'espionnage éponyme de Lautner, où il a pour comparse Robert Dalban, qui sera un grand ami fidèle d'Édith Piaf. Suprêmement élégant, distingué, impassible, le port très *english*, il sera pour Édith Piaf son second éducateur, celui qui lui apprendra à tenir son couvert à table et à manger sans parler ni rire. Édith Piaf s'en souvient avec attendrissement :

Paul m'« épatait ». Avec ses bonnes manières, c'était pour moi le type même du gentleman. Et à l'époque, qu'est-ce qu'on ne m'aurait pas fait faire pour conquérir un gentleman !
Vous comprenez, jamais avant Paul un homme ne m'avait aidée à enfiler mon manteau, jamais personne ne m'avait ouvert une porte, en s'effaçant pour me laisser passer d'abord !
Lui, il faisait ça comme personne[1] !

Ils se mettent en ménage et, pour la première fois de sa vie, Édith Piaf, délaissant les détestables hôtels meublés, et cet hôtel Alsina où elle vivait avec Raymond Asso, va habiter un appartement, dans le quartier de l'Étoile, au 10 bis rue Anatole-de-la-Forge, avec un grand salon où trône un piano à queue — qui émerveillera la chanteuse — expressément acheté pour elle par Paul, une belle chambre, une cuisine et une salle de bains. Le luxe, enfin, et la distinction d'un compagnon qui porte des robes de chambre en soie. La voilà, de surcroît, nantie d'une secrétaire, qui sera d'abord Suzanne Flon — avant qu'elle ne devienne l'immense comédienne que l'on sait —, puis Andrée Bigard, qui relaie Paul Meurisse dans l'éducation « bourgeoise » d'Édith Piaf, et qui va rester dix ans à son service.

Les voilà ensemble, pour le meilleur et pour le pire, car cet homme impassible, qui parle si peu face à sa compagne tellement volubile et au verbe haut avec, de surcroît, l'accent de Belleville, ce « bel indifférent » parfois l'exaspère. Vedette en vue, Édith Piaf, qui a perdu son grand parolier, est à la recherche de nouveautés et elle va tomber sur un débutant de génie, Michel Emer, qui écrira pour elle quelques-uns de ses plus grands succès, de « J'm'en fous pas mal », ou « De l'autre côté de la rue » à l'un des plus connus, en fin de course : « À quoi ça sert l'amour ? » Vingt-six chansons en tout. C'est lui aussi qui écrira pour Yves Montand quelques chansons de cow-boy comme « Dans les plaines du Far-West ». Pour l'heure, Michel Emer est sur le point de regagner sa caserne où il est militaire, en janvier 1940, quand il se présente chez Piaf, dans l'urgence, et lui chante ce qui va devenir un de ses grands « tubes », « L'accordéoniste ». Qu'elle crée à Bobino un mois plus tard. En inventant de son propre chef une autre fin à la chanson :

Ça lui rentre dans la peau
Par le bas, par le haut
Elle a envie de gueuler
C'est physique
Alors pour oublier
Elle s'est mise à danser, à tourner
Au son de la musique...
[...]
ARRÊTEZ !
Arrêtez la musique[2] !

Lorsqu'elle crie « Arrêtez », l'orchestre soudain se tait. La musique s'interrompt. Profond silence. La salle se demande s'il y a un incident technique, si le micro est en panne, si la chanteuse est malade... Non, elle n'a fait que clamer, clamer d'une voix cassée et sans accompagnement musical : « Arrêtez, arrêtez la musique ! » C'est une mise en scène théâtrale, une dramatisation.

Quand Édith Piaf a rechanté cet air, si dramatique — car il s'agit de l'homme aimé qui part à la guerre et se fait tuer, et cela en 1940, alors que le caporal Michel Emer repartait justement pour le front — lors de l'émission *La joie de vivre*, le 3 avril 1954, Édith Piaf était profondément émue, et — on put le voir — la salle fut en larmes. Comme d'habitude. Il est vrai qu'on a souvent envie de pleurer en l'écoutant, c'est physique, la tension prend au ventre, tout comme c'est du ventre que monte sa voix jusqu'à cette bouche qu'elle ouvre toute grande pour finir la chanson dans ce vertige de la musique de l'accordéoniste qui la fait tant souffrir, alors elle tourne avec la ritournelle, Édith Piaf tourne, virevolte et, dans un geste qui lui était familier, se cache le visage en criant, toute musique cessante : « Arrêtez ! arrêtez la musique. » Sur une trame qui ressortit encore à l'inspiration réaliste, Édith Piaf arrivait à créer une tension, une émotion qui bouleversait son auditoire, et nous bouleverse encore, sans qu'on puisse dire exactement pourquoi. (Catherine Ringer s'y est essayée, récemment, avec un autre talent, bien sûr). Rien n'explique notre émotion si ce n'est la voix, cette voix terriblement dramatique et prenante d'Édith Piaf. Pour mieux l'apprécier, il suffit de l'entendre chanter « Mon légionnaire », puis d'écouter la créatrice de cette chanson, Marie Dubas. Ce plus qu'avait Édith Piaf, c'était l'intensité. Après chacune de ces chansons dramatiques, les larmes venaient toujours soulager la tension du spectateur ou de l'auditeur.

Dans leur vie commune, Piaf et Meurisse ne sont visiblement pas faits pour s'accorder : l'une parle, beaucoup et fort, l'autre se tait et adopte une attitude flegmatique, même aux moments de grande dispute. Sachons entendre Édith nous rapporter cette liaison contre nature :

> Au début, moi, je m'énervais souvent. Lui, jamais. Dans nos disputes, c'était moi qui me retrouvais échevelée, l'air idiot. Il ne bronchait pas. À la longue, je trouvais qu'il me narguait. Je m'approchais de lui à petits pas silencieux, sans qu'il s'en aper-

çoive, et je poussais soudain des longs cris stridents dans ses oreilles. Mais il ne sursautait même pas. Alors je cassais tout. Je lançais des verres sur le mur, juste au-dessus de sa tête. Tout ce qui était à ma portée volait en éclats.

Je hurlais, je trépignais, je pleurais, je l'insultais. Paul, allongé tranquillement sur le lit, fermait les yeux, posait un journal sur son visage et me disait simplement :

— Ne casse pas la radio, s'il te plaît.

[...]

J'en devenais folle de son sang-froid[3].

Et si tout cela ne finit pas par des chansons, cela finit quand même au théâtre. Édith Piaf a rencontré Jean Cocteau lors d'une soirée mondaine organisée par celle qu'on appelait la Marquise, l'épouse de Raoul Breton, l'un des éditeurs de musique les plus en vue à Paris, ayant créé sa maison d'édition en 1933, rue Rossini, dans le IXe arrondissement. Chemin faisant, en papotant, Piaf la bavarde s'ouvrit auprès du poète de ses problèmes domestiques — à moins que Paul Meurisse, pour sa part, ne lui ait confié aussi ses misères —, il n'en fallut pas plus pour que l'ami Jean pondît en deux nuits le texte d'un monologue en un acte et un figurant, *Le Bel Indifférent*. Que Piaf va jouer, Meurisse jouant son propre rôle de taiseux, allongé sur le lit, lisant son journal et muet, imperturbable devant le flot de paroles coléreuses, de reproches saignants et d'injures de son épouse. On pense à Liz Taylor et Richard Burton, vidant leurs querelles et lavant leur linge sale sur la scène, dans *Qui a peur de Virginia Woolf* en 1966 et dans *La Mégère apprivoisée* en 1967.

La pièce est créée le 20 avril 1940 au Bouffes-

Parisiens, théâtre dirigé par Robert Trébor, ami de Cocteau, qui pourrait aussi être à l'origine de ce projet théâtral, tous deux ayant applaudi Piaf à Bobino peu de temps auparavant. Cocteau écrit sa pièce en pensant, assurément, à cet autre monologue fameux, joué dix ans plus tôt, *La Voix humaine*. Comme précédemment, ce monologue, qui raconte une dispute amoureuse et joue du téléphone et de la non-communication, ne dure qu'une demi-heure, en fait vingt-sept minutes de texte parlé — le monologue d'Édith Piaf —, la chanson qui conclut la pièce ne dure qu'une minute :

Tu es partout sur mon corps.
J'ai froid, j'ai chaud,
Je sens tes lèvres sur ma peau.
Y'a rien à faire,
J't'ai dans la peau.

Où l'on voit que Cocteau a bien entendu Piaf chanter « L'accordéoniste » au concert de Bobino un mois plus tôt. La pièce campe une femme aimante et son gigolo, qui rentre en retard, ne répond pas à son salut, va à la salle de bains, en ressort en robe de chambre, s'allonge sur le lit, allume une cigarette, lit son journal, s'endort même, tandis que la pauvre crie et s'égosille, au grand dam des voisins qui cognent au mur. Elle lui fera des tas de reproches, le menacera même de le tuer, puis de se tuer, de se jeter par la fenêtre, et rien, il reste absolument imperturbable, jusqu'à ce qu'il se relève, se rhabille et fiche le camp, sans avoir ouvert une seule fois la bouche, tandis qu'elle crie à corps perdu, vers le fond de scène, « Émile, Émile... » Restée seule, la femme — Édith Piaf, vraiment — chante alors sa chanson d'amour désespérée. « J't'ai dans la peau », qu'elle devait reprendre et interpréter par la suite, notamment en 1953 dans le film de Maurice de Canonge, *Boum sur Paris*.

On peut réentendre aujourd'hui Piaf dans cette pièce et cette chanson, elle est proprement bouleversante — tout comme elle le sera bientôt à l'écran. Elle joue et habite son rôle avec, comme toujours, une très grande intensité. Son partenaire s'est montré sévère envers elle. Paul Meurisse, qui a joué avec elle les sept premiers soirs — du 19 au 25 avril 1940 —, avant de se faire remplacer par Jean Marconi — du 26 avril au 14 mai 1940 —, disait qu'elle n'était pas comédienne, tout en reconnaissant qu'elle avait bien joué (la pièce sera reprise plus tard avec son mari Jacques Pills, du 22 avril au 25 mai 1953 au Théâtre Marigny). La voix de Piaf demeure, on peut l'entendre toujours, et la sentir remuer en soi, dans ses tripes, là où elle nous a toujours touchés.

Mais la France vit des heures difficiles, le général Weygand et le corps d'armée sont vaincus et se replient en juin, le maréchal Pétain entre en scène le 17 juin : « Je fais à la France le don de ma personne », et c'est l'armistice. Le 18 juin, de Gaulle, à Londres, lance son appel : « La France a perdu une bataille... » C'est la débâcle, Édith Piaf, comme tant d'autres, fuit la capitale et se replie sur Toulouse, avec Paul Meurisse et Canetti. En bon imprésario, ce dernier leur organise une tournée dans le Sud. Les Juifs font ce qu'ils peuvent pour fuir, pas seulement Canetti, mais aussi Michel Emer (juif d'origine russe) et le grand Norbert Glanzberg, juif polonais, qui écrira pour Édith Piaf ces joyaux que sont « Au bal de la chance » et « Padam, padam », mis en contact avec Piaf par l'imprésario d'origine judéo-tunisienne Félix Marouani, lui aussi forcément replié en zone libre. Plus tard Glanzberg donnera à Montand une de ses plus belles chansons, « J'aime flâner sur les grands boulevards ». Qu'aurait été la chanson française sans ces « métèques », ces nomades, ces Juifs réfugiés, comme aussi Francis Lemarque, de son vrai nom Nathan Korb, né d'une Lituanienne (qui sera déportée et mourra à Auschwitz) et d'un Juif polonais, auteur de l'immense succès de Montand, « À Paris », et lui aussi lancé par Canetti. Nous sommes toujours dans le monde d'Édith Piaf, qui aura à cœur d'aider, d'une part les Juifs à payer un passeur et franchir la frontière, d'autre part les soldats français prisonniers en Allemagne à supporter leur calvaire.

Une photo nous la montre le 18 août 1943, assise par terre au milieu des prisonniers français dans un stalag à Berlin. Qui peut s'étonner de l'engagement de Piaf ? Rebelle à l'ordre, rebelle à l'occupant, elle ne pouvait se trouver que du côté des victimes. Il y a d'abord, en préliminaire, un gala au Gaumont-Palace, à Paris, donné le 13 août en faveur des prisonniers français. Le lendemain, elle quitte la gare de l'Est, en compagnie de sa fidèle Dédé, et parmi les autres artistes, Charles Trenet, Fred Adison et son orchestre, dont le chanteur Jacques Josselin (qui fut peut-être son amant). Ils sont accueillis à la Central-Bahnhof de Berlin par le délégué français du STO (Service du travail obligatoire, imposé par le gouvernement de Vichy, dans le cadre de la collaboration, auquel maints Français, dont Georges Marchais, furent soumis), Marcel Moreau, accrédité par les autorités militaires allemandes. Édith Piaf et Andrée Bigard visitent des usines où travaillent, contraints et forcés, les ouvriers français, et ces camps de regroupement des prisonniers qu'étaient les stalags, où la plupart purgeront cinq ans de captivité. À Rennes, le regretté André Combes, jeune normalien prisonnier, disait y avoir créé une « université », dont il assurait, à lui seul, la totalité des enseignements et les détenus l'appelaient, respectueusement, « monsieur le Doyen ». C'est là, dans cette ambiance, dans cette longue attente de la Libération, dans cette patience interminable, que Piaf chante, mais des chansons dûment soumises à l'autorité ; on lui réclamera son plus grand succès d'alors, « Mon légionnaire », qu'elle ne chantera pas, la chanson étant interdite, mais elle interprétera néanmoins « Où sont-ils mes copains », au message transparent, et d'ailleurs, c'est Piaf elle-même qui en a écrit les paroles (en se souvenant, peut-être, de Fréhel) : « Où sont-ils, tous mes copains / Qui sont partis un matin / Faire la guerre[4] ? »

La tournée prendra fin le 29 septembre. Au retour, la photo de Piaf avec ses prisonniers sera remise à la Résistance qui, en agrandissant le visage des prisonniers, établira pour chacun d'eux des faux papiers d'identité qui serviront à en faire évader un certain nombre. Nul ne sait combien, mais sans doute, selon le témoignage d'Andrée Bigard qui appartenait à la Résistance, y en eut-il quelques-uns, dont son mari. Assurément, Édith Piaf fut résistante — à l'inverse d'une Arletty qui, au sortir de sa détention au temps de l'Épuration, déclara au journaliste qui lui demandait comment elle allait : « Je manque de résistance ! » Édith retournera d'ailleurs quelques mois plus tard dans le camp où elle apportera les faux papiers d'identité.

Revenons en arrière, et au cinéma, où Édith Piaf et Paul Meurisse font leurs débuts d'acteurs. Édith Piaf, la première, était passée devant la caméra à l'âge de vingt ans, en interprétant une chanson — « Quand même » — dans le film *La Garçonne*, adaptation du célèbre roman éponyme de Victor Margueritte, tourné en 1936 par Jean de Limur, aux côtés de Suzy Solidor, avec dans les rôles principaux les grandes Marie Bell et Arletty. Mais du 18 août au 28 septembre 1941, le couple est engagé par Georges Lacombe dans son film *Montmartre-sur-Seine*, sur un scénario d'André Cayatte, aux côtés d'acteurs déjà célèbres tels que Denise Grey et Jean-Louis Barrault, mais aussi Henri Vidal qui va bientôt épouser Michèle Morgan sur le plateau de *Fabiola*. La musique du film est assurée par Marguerite Monnot, et Édith Piaf interprète là pas moins de quatre chansons, dont « Tu es partout » et « J'ai dansé avec l'amour ». Paul Meurisse lui fera d'ailleurs une scène de jalousie en raison des œillades que ne cessait de lancer Édith Piaf au bel

Henri Vidal, en pure perte (on lui prêtera cependant une aventure avec Piaf). Quoi qu'il en soit, le couple qu'elle forme avec Meurisse bat de l'aile et 1942 marque la fin de leur liaison, facilitée par des contrats distincts qui les tiennent éloignés l'un de l'autre, si bien que tout cela tombe à terre comme un fruit qui a trop mûri.

L'âme de Padam

Un homme va entrer alors dans la vie d'Édith Piaf et jouer un rôle important, sinon décisif, dans l'évolution de la chanteuse, et d'abord dans sa vie quotidienne sous l'Occupation : Henri Contet. Ils se rencontrent sur le plateau de tournage de *Montmartre-sur-Seine*, car Henri est alors attaché de presse du film et, de surcroît, critique de cinéma dans la revue *Ciné Mondial* — qui fut publiée de 1941 à 1944, et entièrement contrôlée par l'ambassade d'Allemagne à Paris. C'est donc pour des raisons professionnelles qu'il est là, mais, tout de suite, un grand courant de sympathie passe, ils seront amis pendant toute la vie d'Édith Piaf, et amants — discrets — sitôt quitté Meurisse — et en attendant Montand en 1945. C'est Édith Piaf qui le débauche de son métier de journaliste pour en faire un de ses plus grands paroliers, de « Padam, padam » à « Bravo pour le clown ». En tout, pas moins de trente-deux textes de chanson.

Pendant l'Occupation, comme il faisait froid dans les maisons, il lui trouvera (ce qu'il semble avoir nié, plus tard) une chambre au troisième étage d'une maison de rendez-vous du genre huppé, « Chez Madame Billy », 5 rue Villejust, aujourd'hui rue Paul-Valéry, près de l'Étoile, et à un jet de pierre de la rue Lauriston où se trouvait, au n° 93, le quartier général de la Gestapo. Grâce à la clientèle allemande de haut grade, rien ne manque chez la taulière, ni le bois pour se chauffer, ni le champagne pour s'égayer. Édith Piaf a le privilège d'habiter un appartement tout en haut des chambres galantes. Elle va donc vivre au cœur de la Collaboration, sans pourtant jamais y tremper, comme ce fut le cas pour Suzy Solidor — qui tenait un cabaret fréquenté par ceux qu'on surnommait les « doryphores » et pour qui elle chanta, avec grand talent, d'ailleurs, le célèbre « Lily Marlene » — ou Arletty (en raison de sa liaison avec un officier allemand), qui furent poursuivies. Solidor écopa d'un blâme du Comité d'épuration, mais Arletty se retrouva bel et bien en prison. Édith Piaf, elle, fut blanchie par le « Comité d'épuration des professions d'artistes dramatiques, lyriques et des musiciens exécutants » dont le rapport, au nom Piaf, conclut qu'il n'y a ni sanctions ni félicitations. Il est vrai que, dans le même temps, elle est allée soutenir le moral des prisonniers français dans les stalags et il est vrai aussi qu'elle a aidé ses amis juifs à gagner la « Nono », ainsi qu'on appelait la zone libre, et même à se cacher, quand les Allemands l'envahirent aussi, tout particulièrement ses trois grands amis juifs, le réalisateur Marcel Blistène — qu'elle appelait Cel, comme elle allait appeler aussi Cerdan —, Michel Emer et Norbert Glanzberg.

« Enjuivée », Édith l'était bien un peu, elle qui chantera plus tard « Jérusalem » (« Seul... / Un homme en blanc, au loin, assiste au réveil / De Jérusalem ») et « Exodus »[1]. Elle l'était tout comme on aurait pu dire qu'elle était « tsigane » ou « engitanée », par le timbre même de sa voix qui évoquait toujours la déchirure, la souffrance et la peine — la *pena negra* du chant flamenco. Sylvain Reiner, qui a écrit un livre fort juste et émouvant sur Piaf, *Le Livre d'Édith,* dit qu'elle « évoque le chantre dans la synagogue », et analysant cette voix unique, que nulle n'a jamais pu imiter, il écrit cette phrase étonnante et superbe :

> Cette voix du ghetto, cette voix de l'enfant éternel, écrasé par la misère, incarne la dignité et la noblesse des misérables. Elle demande des comptes à Dieu, au pied du mur des Lamentations. C'est la voix par laquelle le peuple élu, et toujours en ballottage, refuse le désastre. La voix de Piaf, toute de beauté et de pureté, se déploie aux lisières de la mort[2].

De tous les Juifs qu'elle aura aidés, il convient de distinguer tout particulièrement le grand Norbert Glanzberg, qui composera pour elle, entre autres, « Padam, Padam ». Cet Allemand était en 1930 *Kapellmeister* à l'Opéra de Berlin — littéralement « chef de chant », mais plutôt « maître de chapelle » —, ce qui n'est pas rien, et c'est ainsi qu'en 1932 il connut la gloire en composant la musique des premiers films des immenses réalisateurs que furent Max Ophuls et Billy Wilder. Face à la montée du nazisme, voilà ces trois hommes, qui auraient pu être la gloire de l'Allemagne, contraints à l'exil. Glanzberg se retrouve à Paris, mais jamais découragé, il descend dans la rue, comme Édith Piaf naguère, où il joue de l'accordéon. Il en sort cependant assez vite pour entrer au cabaret où il devient pianiste, accompagnateur et animateur. Il a la chance de rencontrer, en 1938, Lys Gauty qui, à l'inverse de Lucienne Boyer, lui ouvre sa porte, et il écrit pour elle quelques chansons. Un an plus tard, il lui faut gagner la zone libre, et là il accompagne au piano Rina Ketty, qui chantera alors son célèbre « J'attendrai la nuit et le jour / j'attendrai toujours ton retour », qui essayait de consoler toutes les familles françaises dont le père, le frère ou le fils étaient détenus en Allemagne. Glanzberg composa même pour Tino Rossi. C'est en 1941 que l'imprésario Félix Marouani, également juif tout comme Fernand Lumbroso ou Mitty Goldin — de son vrai nom Goldenberg — qui avait fait débuter la Môme Piaf à l'ABC, lui présente enfin la chanteuse qui l'engage aussitôt comme pianiste. Plus tard, il composera pour Piaf cette chanson qu'elle chantait merveilleusement bien « Mon manège à moi c'est toi », que tant de couples qui s'aimaient — « Tu me fais tourner la tête... » — se sont redite et chantée depuis.

Nous sortons là du misérabilisme initial, de la rue, du pavé et des peines, pour entrer dans le monde heureux de l'après-guerre et le bonheur des jours glorieux. Glanzberg aimait et admirait Piaf, au point que lorsqu'elle composera son somptueux « Hymne à l'amour » — les paroles et la musique sont d'elle, même si c'est Louiguy qui signa la partition du fait qu'Édith Piaf n'avait pu passer encore le nécessaire et difficile examen de la SACEM —, Glanzberg aura ce jugement : « Le thème de l'"Hymne à l'amour" est digne de Brahms[3]. » Accordant ainsi à ce qu'on pourrait ne prendre que pour une « chansonnette » la dignité de la grande musique.

Cet examen, Édith Piaf le passera le 10 janvier 1944 et, un mois plus tard, aura la joie d'être enfin reçue. Sur le thème imposé « Ma chanson c'est ma vie », elle compose, en deux heures, une chanson dont les paroles nous sont parvenues, bien qu'elle n'ait jamais été mise en musique ni chantée :

Ma chanson c'est ma vie,
Et parfois le Bon Dieu
Y met sa fantaisie
[...]
Quand elle aura vécu,
Qu'elle en aura assez,
On verra dans la rue
Un chagrin s'en aller[4]...

Ce qu'Édith Piaf redira tant de fois dans les dernières années de sa vie se trouve déjà là : elle n'a et ne conçoit d'autre vie que dans la chanson. Ne pas chanter, c'est mourir, elle le répétera maintes et maintes fois, et c'est pour cela aussi qu'elle chantera jusqu'au bout, alors même que la dernière année il fallait la porter jusque sur le devant de la scène et la camper devant son micro avant que le rideau ne se lève ; alors là, plaquant ses mains contre ses hanches, vaillamment, elle chantait et revivait.

Nous sommes encore en 1942 et la zone libre ne l'était plus alors. Glanzberg se fit rafler par la Gestapo à Nice comme tant d'autres — notamment Simone Veil — et resta six mois en prison, et il aurait été sûrement expédié à Auschwitz sans l'intervention miraculeuse de la grande Marie Bell — inoubliable actrice d'*Un carnet de bal* — qui avait quelques relations allemandes bien utiles en pareilles circonstances. Par la suite, Glanzberg fut caché et protégé par des gens tout aussi estimables qu'Audiberti et Georges Auric, à Antibes et à Toulouse, et Édith Piaf l'aida alors financièrement pour lui permettre de survivre alors que, nécessairement reclus, il ne pouvait plus travailler. Une grande et belle amitié existait donc entre Piaf et Glanzberg, qui fut aussi son amant du moment, et l'on ne s'étonnera pas qu'à la question posée par une journaliste sur ce que la postérité retiendrait des grandes figures du music-hall, il ait répondu : « Il n'en reste que deux dans notre époque. Édith Piaf et Maurice Chevalier. Mais Chevalier est quasiment oublié. Parce qu'un amuseur. Piaf, elle, est devenue une légende[5]. »

Quel paradoxe, tout de même, de trouver Édith Piaf parmi les Allemands bambochant à la maison galante de Madame Billy, tandis que la chanteuse habite au troisième et dernier étage, et partage, peut-être, quelques-unes de leurs fêtes ! Piaf vivra là de 1942 à 1944, en compagnie d'Andrée Bigard et de Momone, qui va et vient, comme à son habitude, zonarde ou parasite. Mais Édith Piaf retiendra la leçon d'Henri Contet qui la fait travailler, prolongeant ainsi le rôle formateur de Raymond Asso. Et comme il y a pénurie de poètes et musiciens pendant ces années-là, du fait de la fuite de beaucoup d'entre eux vers une zone plus clémente, pour toutes les raisons que l'on sait, la voilà, comme on vient de le voir, qui écrit elle-même ses chansons, paroles et musique comprises, bien que, le plus souvent, elle sollicite sa bonne Marguerite Monnot qui, elle, était sortie du Conservatoire. Elle chante dans plusieurs cabarets du Paris occupé, d'abord le Perroquet, qu'elle inaugure en 1943, et aussi celui qui évoque l'une de ses chansons les plus emblématiques, La Vie en rose. Et puis, elle fait des tournées en zone libre, avant de se produire à Paris, salle Pleyel, et à Bruxelles au Palais des Beaux-Arts. La Libération est alors toute proche, et quand Leclerc rentre à Paris avec sa 2e division blindée, Édith Piaf, après s'être encore produite dans quelques cabarets parisiens, se retrouve à Toulouse pour sa glorieuse reprise d'après-guerre et fait entrer en scène, en même temps qu'elle et en lever de rideau, sa nouvelle conquête : Yves Montand.

« Battling Joe »

À la Libération, elle fait la rencontre fulgurante d'un grand jeune homme marseillais d'origine italienne, qui dépasse Édith Piaf d'exactement quarante centimètres — 1,87 mètre. Ce jeune homme s'appelle Ivo Livi, et il travaille comme ouvrier ou docker, voire garçon-coiffeur dans le salon que tient sa sœur, tout en poussant la chansonnette dans quelques boîtes ou bistrots du Vieux-Port, endossant alors la panoplie du cow-boy. Pour l'heure, en ce début d'août 1944, Ivo vient d'ouvrir la porte du Moulin Rouge, sur la place Blanche, où Piaf a été engagée. Le célèbre cabaret de Montmartre, où chantèrent Yvette Guilbert et Mistinguett, avait d'abord été transformé en cinéma, dans les années 1920, et c'est en 1944 que la direction avait décidé de le rendre à sa vocation initiale. Avec comme vedette, pour la première le 1er septembre, nulle autre qu'Édith Piaf. Après avoir bourlingué dans quelques salles parisiennes, comme ces Folies-Belleville que la Môme Édith a dû longer dans son adolescence nomade, le chanteur marseillais à l'inspiration américaine vient d'être engagé, après le désistement des duettistes à succès Charpini et Brancato, comme bouche-trou dans le célèbre cabaret du pied de la Butte. Ivo passera donc en vedette américaine. Il ne connaît pas vraiment Piaf dont le nom s'étale en tête d'affiche. Ivo n'est que de passage, hébergé chez un ami assistant-réalisateur, Raoul André, qui habite près de l'avenue Foch. Ils se rencontrent pour les répétitions, et il y va de son couplet « Dans les plaines du Far-West », qui n'est sûrement pas la tasse de thé d'Édith Piaf, mais qui enthousiasmait ses copains de la Cannebière. Puis elle chante et lui montre son talent ; là, Ivo, qui avait quelques réticences envers ce qu'il croyait être « la chanson réaliste », est ébloui, subjugué, comme tous ceux qui l'entendent. Il dit même avoir pleuré en l'écoutant chanter « L'accordéoniste ». Il n'était pas le seul, comme on l'a vu. Après cette rencontre, ils vont dîner en compagnie d'Henri Contet, l'amant du moment d'Édith. C'est là qu'elle décide de le prendre en main, de lui apprendre à effacer son détestable accent marseillais en le faisant parler un crayon dans la bouche, à lui trouver un autre répertoire. Son ami Loulou Gasté — le mari de Line Renaud — lui donne un de ses grands succès d'alors, « Battling Joe », et le public va aimer ce grand garçon aux mains immenses, moulinant des bras, qui est un peu leur cow-boy français, à un moment où la France, qui vient de découvrir le Coca-Cola et le chewing-gum, ne jure que par l'Amérique et ses libérateurs. Édith Piaf elle-même s'y met, pour ses beaux yeux, et lui écrit quelques chansons, comme « Il fait des... » :

Dès qu'il entend la musique
On dirait un hystérique
Il fait des... la la la la
La la la la, la la la la
La la la la, la la la la[1].

Yves Montand chantait cet air de swing plein d'entrain américain, jugé hystérique — *dixit* Édith Piaf —, avec en contrepoint l'air de « Plaisir d'amour » : « Plaisir d'amour ne dure qu'un moment... » Plus tard, Colette Renard, avec la complicité de deux amis de Piaf, Michel Rivgauche et Norbert Glanzberg, opposera pareillement le swing et la musique classique (« Ça c'est d'la musique ! De la vraie musique ! C'est pas du Rimsky du Korsakoff ou je n'sais qui... Ou un truc coton / Qui t'file un coup d'bourdon[2] »). L'astucieuse intromission de la vieille romance du XVIIIe siècle, il est vrai, sempiternellement reprise, fait mieux ressortir la folie des onomatopées : « Hé dy, hé dy, hé dy, hé hé dy, oh[3] »...

Édith Piaf et Yves Montand filent le parfait amour, le grand « plaisir d'amour », et Henri Contet ravale sa jalousie de prince détrôné dans le cœur de la chanteuse pour donner à Montand une de ses plus belles chansons, « Ma gosse, ma petite môme », chantée avec ce velours tendre de crooner qui faisait déjà se pâmer le public : « Ma gosse, ma petite reine / Le printemps s'amène, / Prends-en pour la semaine / À t'en faire rêver[4]. »

Car dès février 1945, Édith Piaf et Yves Montand sont amants. *Exit* Contet, qui se consolera dans les bras de Charlotte, l'épouse qu'il n'a d'ailleurs jamais quittée, malgré l'insistance d'Édith Piaf. Tout est donc bien qui finit bien.

Édith Piaf est tout de suite séduite par le charme d'Ivo Livi, qu'elle appellera bientôt de ce nom de scène qu'elle inventera, sans qu'on sache si c'est elle qui appela ainsi pour la première fois ce grand garçon timide et empoté : Yves Montand. Piaf, amoureuse, laisse parler son cœur :

> J'ai été conquise. Une personnalité du tonnerre, une impression de force et de solidité, des mains éloquentes, puissantes, admirables, un beau visage tourmenté[5].

En cet automne 1944, dans Paris libéré, Yves Montand et Édith Piaf se produisent ensemble un peu partout, en lever de rideau des salles de cinéma, dans divers galas pour les Forces françaises libres ou pour les Alliés libérateurs, et aussi, surtout, au Moulin Rouge. Puis ils tournent en province, Lyon, Toulouse et Marseille, où elle fait la connaissance des Livi, les parents (père, mère et sœur) d'Ivo, cet enfant toujours en retard que réclamait sa *mamma* à grands cris en lui criant de remonter à la maison : « Ivo... *Monta... Monta...* Ivo » — tel est, nous y voilà, le secret de son nom de scène. Une visite mémorable, qui dure deux jours : Édith Piaf est émue, heureuse et bouleversée car, pour la première fois de sa vie, elle entre dans une famille ; elle ne savait pas que cela pouvait exister, un vrai père, une vraie mère, une vraie sœur. Et la famille Livi l'entoure de sa chaleur et de son exubérance. Une découverte.

On retrouve le couple le 9 février suivant, où ils

se produisent ensemble à l'Étoile. Montand y connaît enfin son premier triomphe, éclipsant même, par moments, le succès confirmé de Piaf. Ils tiendront la scène jusqu'au 8 mars 1945, avant de se produire deux semaines au Casino Montparnasse. Et c'est, derechef, une tournée d'été qui les mènera encore à Marseille — où elle chante pour les libérateurs américains, fous de joie, hystériques de bonheur, en prélude à l'immense succès qu'elle rencontrera bientôt à New York. On imagine la joie des Livi, qui accueillent désormais Édith Piaf, la fiancée de leur fils, cette vedette flamboyante qui tire tant de larmes de la salle en chantant l'imperturbable évocation de sa vie tumultueuse sur laquelle l'événement n'a pas de prise :

Quand les histoires sont trop jolies
Ça ne peut pas durer toujours
C'était une histoire d'amour
Ma part de joie, ma part de rêve
Il a bien fallu qu'elle s'achève
Pour me faire un chagrin d'amour[6].

Après tant de déboires, et toute cette période de peste brune qui vient de s'achever, c'est vraiment pour elle, non plus la vie en noir, mais désormais la vie en rose. Le rose est d'ailleurs dans l'air avec la Libération et l'arrivée des Américains. Alors oui, la vie est en rose. Surtout dans les bras de « ce grand garçon tout en longueur », comme Piaf le qualifiera. C'est ce qu'elle griffonne à la terrasse d'un café parisien en compagnie de la chanteuse Marianne Michel (bien oubliée aujourd'hui), alors en panne de chansons, et pour qui elle écrit :

Quand il me prend dans ses bras
Qu'il me parle tout bas
Je vois les choses en rose...

C'est là que Marianne la reprend — disons plutôt l'aurait repris, car nous ne savons pas au juste comment les choses se sont passées :

Je vois la vie en rose[7].

Peu importe qui a trouvé la première cette fin de strophe qui va donner son titre à la chanson la plus célèbre d'Édith Piaf. C'est Louiguy qui signera la musique, après la défection de Marguerite Monnot, peu inspirée par la banalité apparente des paroles. C'est pourtant là qu'on touche à l'essence même de l'art de Piaf : transformer, par une transcendance inexplicable, et comme intuitive, les choses les plus simples, communes, banales, en message essentiel et existentiel. « La vie en rose » sera bientôt sur toutes les lèvres, même celles d'Armstrong qui l'interprétera avec sa trompette magique. Tant d'autres voix s'y sont risquées, mais Piaf est inimitable, et le reste. Armstrong, néanmoins, a su nous toucher en interprétant « La vie en rose » parce que, justement, il ne chantait pas comme Piaf mais avec sa voix cassée, son souffle rauque, et la même souveraine puissance d'émotion.

Parolière et musicienne d'oreille — encore qu'elle

soit capable de poser les mains sur le clavier et d'esquisser quelques notes —, Édith Piaf écrit et compose — en se faisant aider par Marguerite Monnot — pour son grand Ivo ses premières et magnifiques chansons — des chansons d'amour qui tranchent avec son répertoire de cow-boy et de mâle suffisant :

Elle a des yeux
C'est merveilleux
Et puis des mains
Pour mes matins
Elle a des rires
Pour me séduire
Et des chansons...
Elle a, elle a
Des tas de choses
Des choses en rose
Rien que pour moi[8].

On comprend que Marguerite Monnot ait jugé futiles ou insignifiantes de telles paroles. Mais justement elles ne le sont pas, ou ne le sont plus dès lors qu'elles sont posées sur des lèvres amoureuses et passionnées. Nul n'a mieux chanté cet air que cet homme dont Édith Piaf admirait tant les mains, cet homme qui admirait tant les siennes aussi, et qui était capable, autant que le pouvait Édith Piaf, qui le lui avait appris, de nous bouleverser avec trois mots de rien du tout. On est dans le rose, ici comme dans « La vie en rose », et ce rose sied à cet amour partagé, accompli — même si l'on sait qu'il sera éphémère. Elle écrit encore pour lui, rien que pour lui : « Mais qu'est-ce que j'ai à tant l'aimer / Que ça me donne envie d'crier / Sur tous les toits elle est à moi / J'aurais l'air fin si j'faisais ça[9]... »

Oui, c'est d'une étonnante banalité mais d'une banalité transfigurée par la passion. Francis Lemarque mettra, certes, plus de poésie et de science du langage dans le tube le plus glorieux de Montand : « À Paris, quand un amour fleurit... » Pourtant, à l'arrivée, l'un et l'autre se valent et nous procurent la même émotion.

Yves Montand nous laisse un portrait saisissant de cette petite femme qu'il aime et qui est si belle quand elle aime :

> Elle était fraîche, coquette, marrante et cruelle, éperdue de passion pour son métier, ambitieuse, midinette, fidèle tant qu'elle était amoureuse, désirant croire à son histoire d'amour, mais capable de rompre avec une force inouïe, chantant mieux lorsqu'elle trouvait l'amour et lorsqu'elle le perdait[10].

Montand a tout perçu d'elle : cette femme n'est qu'amour et sensibilité, et son chant, si profond, si bouleversant, n'existe que par la passion. Il la revoit lors de cette première rencontre, au Moulin Rouge, en août 1944 :

> Elle était assise, là, charmante, dans sa robe à fleurs, très jolie, très fine, avec sa raie de côté. Elle avait une façon particulière d'étendre la main, pouce rentré... Elle m'a paru mignonne, belle, avec ce grand front, ces grands yeux bleus, ce corps si gracieusement proportionnel — de tout petits seins, des hanches légères[11]...

En août 1944, dans Paris libéré, Édith Piaf déménage et s'installe au 71 avenue Marceau. La voilà devenue bourgeoise. Elle y tient salon et accueille ses vieux amis, de retour de l'angoisse, Michel Emer et, surtout, Marcel Blistène, qu'elle héberge un temps — le temps qu'il se ressaisisse après tant d'émotions et de traque et retrouve un appartement. C'est là qu'il a l'idée de faire un film avec elle. Blistène invite un producteur de cinéma, Eugène Tuscherer, qu'il doit convaincre de l'opportune distribution. Mais à la vue d'Édith Piaf, qui se baladait toujours en tenue négligée — robe de chambre chiffonnée et savates, comme elle disait —, le producteur est réticent et refuse pendant plusieurs mois d'admettre que Piaf ferait une bonne actrice de cinéma. Il faudra attendre la fin de la guerre, en 1945, pour que resurgisse l'idée de faire ce film. Son titre : *Étoile sans lumière*. Il est tourné du 30 juillet au 5 octobre aux studios de Boulogne. Édith Piaf en est la vedette : elle joue le rôle de Madeleine, une petite bonniche qui a une très jolie voix et chante en faisant le ménage dans l'appartement cossu d'une vedette du muet — Mila Parély. Celle-ci se trouve, soudain, menacée dans sa carrière par l'avènement du parlant, et voilà que son mari — Marcel Herrand — a l'idée d'engager cette petite Madeleine pour doubler la voix faiblarde de la vedette pour son premier film parlant. La chambrière, devenue chanteuse en doublure, a un petit fiancé — Yves Montand — un mécano plutôt minable dont la seule ambition est d'épouser Madeleine et de mener une vie pépère, mais la chanteuse de l'ombre s'éprend de l'ingénieur du son du film — Serge Reggiani, excellent dans son premier rôle au cinéma —, sans succès d'ailleurs, car il est déjà fiancé. Cependant, parce qu'il a de la sympathie pour elle, il essaie de la pousser et, lorsque la grande vedette du muet meurt dans un accident de voiture, il l'encourage à sortir de l'ombre et à chanter pour son propre compte à l'écran. Hélas ! le mari avait fait promettre à la chambrière-doublure de sa femme de garder un secret absolu sur son identité, et Madeleine au grand cœur, finalement, s'efface et part dans la nuit, tandis que le mécano déconfit s'en va, errant sur ses traces, et se perd dans l'obscurité. Tout se termine dans la grisaille, fondu au... gris. Ce film est, pourtant, assez prenant, et l'on voit aussi jouer le grand Jules Berry dans son rôle habituel de margoulin et d'homme sans scrupules — il est le producteur qui cherche à sortir la chanteuse de l'ombre malgré son serment. Hollywood s'inspirera peut-être de ce scénario et l'on songe, en particulier, à ce chef-d'œuvre de la comédie musicale de Stanley Donen, *Chantons sous la pluie*, racontant la même histoire d'une chanteuse doublant une vedette du muet incapable d'assumer son rôle dans son premier film parlant. Avec un dénouement bien différent : dans l'une des dernières scènes du film, Gene Kelly fait surgir de derrière le rideau de scène Debbie Reynolds, révélant ainsi l'imposture.

Yves Montand est assez piètre dans ce premier rôle, mais — est-ce dû à sa prestance ? —, il devient bientôt, grâce aux leçons sévères et exigeantes d'Édith Piaf, une vedette qui triomphe sur toutes les scènes de Paris. Voilà que Marcel Carné, qui voulait pourtant Jean Gabin dans le rôle, lui donne sa première chance véritable au cinéma, et ce sera *Les Portes de la nuit* où l'on entend pour la première fois « Les feuilles mortes », sauf que cet air, qui sera le plus grand succès de Montand, n'est pas chanté par lui dans le film. Après quoi, il tournera dans *Le Salaire de la peur* en 1953, pour devenir une des gloires du cinéma de l'après-guerre.

Étoile sans lumière a prêté à une intéressante analyse — mieux, psychanalyse — de la part de Sylvain Reiner qui s'interroge sur cette étoile et l'absence de lumière. Pour lui, il ne fait aucun doute que Marcel Blistène, qui vient d'échapper à la Shoah, y a mis beaucoup de son âme juive. Ce film, dit-il, raconte « une vie écrasée entre la réalité et l'inexistence » :

> S'agit-il de l'étoile jaune ? S'agit-il de l'identité juive devenue source de mort ? L'antinomie entre ces deux mots, étoile et lumière, conduit à cette symbolique. L'étoile qui doit fournir la lumière dans la nuit est noyée dans les ténèbres. Le ciel a perdu sa lumière. Dieu est escamoté dans l'immensité des ténèbres[12].

Il est certain que l'immense catastrophe de cette Seconde Guerre mondiale et le premier génocide de l'histoire ont marqué et vont marquer toute la production artistique et littéraire de l'après-guerre. Quant à Édith Piaf, elle continue à chanter imperturbablement la misère de son enfance et la peine d'une orpheline — sa mère vient de mourir, en 1945, lamentablement, d'une overdose, jetée dans la rue par son amant effrayé —, et dans le film de Blistène, sur des paroles de Henri Contet et la musique de Marguerite Monnot, elle interprète pas moins de cinq chansons, dont les éloquentes « C'était une histoire d'amour » et « Adieu mon cœur ». On retiendra du film, également, cet étonnant dialogue, qui semble préluder à la prochaine rupture d'Édith Piaf et d'Yves Montand :

— Dis donc, Madeleine, ça va durer encore longtemps cette vie-là ? Qu'est-ce qu'on attend pour se marier ?
— L'année prochaine !
— Pourquoi ?
— T'es encore un peu p'tit. Faut qu'tu grandisses[13] !

En fait, Ivo Livi deviendra trop grand pour Édith Piaf, c'est-à-dire que le succès — bientôt immense — qu'il recueillera sur scène et le consacrera, aux yeux de l'influent journaliste Max Favalelli, entre autres, comme « la plus forte personnalité qui ait fait son apparition au music-hall depuis celle, déjà lointaine, de Charles Trenet[14] », ce succès-là, évidemment, lui donne, si l'on peut dire, la grosse tête. Rivaux sur toutes les scènes de music-hall, les amants ne pouvaient plus s'entendre. Le mariage, tant espéré par la famille Livi, ne se fera jamais, et chacun, comme dans *Étoile sans lumière*, s'en repartira de son côté, l'un et l'autre chantant bientôt les plus beaux vers de Prévert, elle en anglais et à New York, « Autumn Leaves », lui en français sur toutes les scènes du monde, « Les feuilles mortes » :

Mais la vie sépare
Ceux qui s'aiment

Tout doucement
Sans faire de bruit
Et la mer efface sur le sable
Les pas des amants désunis[15]...

Les trois cloches

Un vent de fraîcheur va souffler dans la vie d'Édith Piaf, qui va correspondre aussi au grand souffle d'air frais, de poumons pleins, d'espoir et d'optimisme, liés à l'époque de la Libération et au grand rêve américain débarqué sur tout le territoire français avec son flot d'images hollywoodiennes. On est au temps de la découverte du chewing-gum et de la décontraction liée au mâchonnement d'un bout de caoutchouc. Découverte du nylon, des pantalons pour les femmes, des vestes à carreaux des zazous — comme en portait Yves Montand à ses débuts —, de la trompette de jazz, la « trompinette » de Boris Vian, du Coca en place du gros rouge... Édith Piaf tient désormais le haut de l'affiche, oublie sa misère de chanteuse des rues, définitivement, se bâtit un nouveau répertoire où l'amour s'épanouit, libre, heureux, et elle, la chanteuse des complaintes tristes, désolées, pleurnichardes à en mourir, chantera bientôt — en 1953 — la déclaration de foi la plus paradoxale pour qui a connu la cloche et la misère : « Heureuse, heureuse, heureuse [...] heureuse comme tout / heureuse jusqu'au bout » :

Heureuse comme tout,
Heureuse malgré tout,
Heureuse, heureuse, heureuse...
Il le faut !
Je le veux !
Mon amour, pour nous deux[1]...

Voilà, Édith Piaf découvre alors le bonheur. Et sa voix le clame avec une chaleur inhabituelle, comme si chaque mot au fond de la gorge était caressé, bercé, choyé, savouré comme un bonbon, ce mot « heureuse », répété pas moins de seize fois, envahit toute la chanson, et, de façon significative, le fameux « r » grasseyé d'Édith Piaf est ici presque effacé, son « r » étant davantage roucoulé, comme si la misère de sa vie qu'elle avait mise dans une voix pleine de désespoir, qui traînait sur une consonne lui écorchant, lui torturant la langue, était ici enfin oubliée... Tandis que son amant du moment s'efface « dans les plaines du Far-West quand vient la nuit... ».

La nuit justement... Édith Piaf a toujours peur de la nuit, c'est pourquoi elle sera, sa vie durant, une perpétuelle noctambule. Celle qui a été frustrée, dès la naissance, de la main caressante d'une mère, ne peut se passer désormais des mains — Ivo en avait, pour elle, de magnifiques — d'un homme et de sa présence au lit, près d'elle, lui tenant chaud. Une anecdote qui anticipe la fin : alors qu'Édith Piaf est dans sa chambre, malade, proche de la mort, en proie à de grandes douleurs en tout cas, et dans l'affreuse solitude où la tient recluse sa déchéance, alors qu'elle sort d'une cure de désintoxication dans une clinique de Ville-d'Avray en juin 1960 et vient de regagner son domicile du boulevard Lannes, le journaliste Jean Noli vient la voir accompagné de son photographe Hugues Vassal. En service commandé, certes, car la presse à scandale est friande de nouvelles et de photos de la grande Piaf, réduite à « une vieille poupée un peu cassée que l'on aurait posée contre un coussin et qu'il ne fallait pas toucher sans risquer de la disloquer[2] ». Les deux hommes se rendent à son domicile pour faire une photo parlante et scandaleuse : « une photo d'Édith Piaf allongée sur son lit, les yeux fermés. Comme si elle était morte », précise le photographe. Qui pénètre à vingt heures dans la chambre de la malade. Et voilà qu'il ne revient pas au salon où l'attend son compère Jean Noli qui, à vingt-deux heures, n'y tenant plus car, n'est-ce pas ? il ne faut pas plus d'une ou deux minutes pour prendre la photo en question, se rend à son tour dans la chambre, et que voit-il alors ? Une image touchante et domestique, qui montre bien le caractère de Piaf et son immense désir de tendresse et de chaleur humaine :

> J'entrai... et je restai sur place. Vassal était allongé sur le lit, à côté d'Édith qui dormait profondément, confiante, avec sa tête enfouie au creux de son épaule gauche.
> — Mais qu'est-ce que tu fous ? chuchotai-je. As-tu fait ta photo, au moins ?
> Il me fit non des yeux. Tout son visage exprimait un terrible désarroi. Il leva la main droite, pointa son index vers Édith et souffla :
> — Elle dort la tête sur mon appareil[3] !

Hugues Vassal, photographe engagé par le groupe de presse Lazareff pour faire des photos saisissantes de la star, la rencontrera en tournée à Dijon en 1957 et réussira à avoir un contact autre que professionnel, Édith Piaf s'étant prise d'amitié pour ce garçon tout maigrichon qu'elle invite à sa table. Dans ses Mémoires, Hugues rapporte ces rencontres avec celle qu'il qualifie de « force vivante[4] », avec une rare émotion et beaucoup de pudeur, de respect. Cet homme-là l'aimait d'amitié.

Mais pour l'heure, Édith Piaf est en pleine forme, et bien entendu amoureuse. Mais non plus d'Ivo Livi, qui tourne aussi son premier film en vedette, *Les Portes de la nuit*, de Marcel Carné, aux côtés d'acteurs prestigieux, comme Pierre Brasseur, Julien Carette, Jean Vilar, Raymond Bussières et, surtout, Serge Reggiani qui apparaît comme la grande révélation du film, confirmant sa prestation dans *Étoile sans lumière*. Et tous ces acteurs le renvoient à son insignifiance du moment comme acteur ; la presse l'éreinte, Montand n'est « ni photogénique ni phonogénique », écrit-on cruellement, il en sort penaud, mais non découragé, car — et, *a posteriori*, c'est un comble —, les deux chansons de Prévert et Kosma, « Les enfants qui s'aiment » et « Les feuilles mortes » (jouée à l'harmonica par Jean Vilar), ne sont pas chantées par lui, mais par le bêlant Fabien Loris et Irène Joachim. Montand va les récupérer plus tard et en faire deux de ses plus grandes interprétations ; c'est seulement en 1951, dans *Paris est toujours Paris*, un film franco-italien de Luciano Emmer, qu'on pourra voir et entendre le jeune Yves Montand jouer son propre rôle dans une scène de cabaret et chanter « Les feuilles mortes ». Mais l'on sait que bientôt, avec *Le Salaire de la peur,* et aussi au théâtre dans *Les Sorcières de Salem,* Yves Montand va s'imposer comme l'un des plus grands acteurs et comédiens français.

Laissons Montand à sa gloire et revenons à Édith Piaf, prise elle aussi dans le tourbillon des tournées, dont l'une en Grèce, où elle connaît une passion amoureuse, aussi vive qu'éphémère, avec l'acteur Takis Ménélas. Celui-ci lui propose de divorcer pour l'épouser et il lui apprend ce mot fétiche qu'elle gardera sur ses lèvres jusqu'à la fin de sa vie : *sarapo,* autrement dit « je t'aime » en grec. Mais Édith Piaf n'est pas prête à faire une fin dans le mariage, et elle renonce au confort et à la sécurité, malgré toute la séduction de Ménélas, et rentre à Paris, le cœur juste un peu plus chaud et quelques paillettes dans les yeux. Écoutons-la rappeler cet amour sacrifié, cette chance d'harmonie et de bonheur qu'elle aura laissé passer :

C'était en Grèce, en 1946, à Athènes, où je donnais un tour de chant... Un soir « il » vint. Grand, les cheveux bruns et bouclés, fier et romanesque. Il s'appelait Takis Ménélas. C'était un artiste dramatique.

Il m'a emmenée au pied de l'Acropole et il s'est mis à me parler. La lune, les chants, qui montaient de la ville et la voix de Takis, à côté de moi, une voix chaude et vibrante... je me sentais comme une jeune fille à sa première déclaration.

Je vécus pendant une semaine un grand amour. Takis me suppliait :

— Reste. Si tu pars, je sais que jamais plus je ne te reverrai. Reste ! Pour toi, je divorcerai. Nous nous marierons. Reste ! Sacrifie ta gloire. Reste avec moi dans ce pays merveilleux.

Mais moi, je ne le croyais pas. J'avais tant bafoué l'amour moi-même que je ne croyais plus à rien, sauf peut-être au plaisir[5] ?

Pourtant, ils se reverront quatre ans plus tard, à Paris, mais un court moment lors d'une escale où le comédien grec lui confirma qu'il avait bel et bien divorcé et qu'il l'aimait toujours, elle, Édith Piaf. Il le prouvera encore en lui témoignant son amitié alors qu'elle s'abandonnera à sa maladie et n'aura plus que quelques mois à vivre : il lui renverra alors la petite médaille porte-bonheur qu'elle lui avait offerte.

Mais pour le moment, elle va se trouver un autre compagnon de voyage, et ce sera l'un des neuf membres du groupe des Compagnons de la chanson, Jean-Louis Jaubert (né Louis-Lazare Jacob), avec qui elle va partir aux États-Unis et connaître enfin, outre-mer, la consécration.

Entre-temps, Édith Piaf se sera consolée des absences — ou des infidélités ? — d'Yves Montand en s'appuyant sur l'épaule secourable d'un bien joli jeune homme, Luc Barney, qui fera une petite carrière et qui est bien oublié aujourd'hui, bien qu'il chantât alors le « Chant des partisans » de Joseph Kessel et Maurice Druon, sur une musique d'Anna Marly, chant qui deviendra, par ailleurs, l'un des succès d'Yves Montand.

La rencontre d'Édith Piaf et des Compagnons de

la chanson est une belle histoire d'amour. Fred Mella, le ténor à la voix d'ange, confie : « Nous étions, chacun à notre manière, amoureux d'elle, et elle nous le rendait bien[6]. » Ils firent connaissance au temps de l'Occupation et à la Comédie-Française, lors d'un gala auquel Marie Bell et Louis Seigner, qui les avaient entendus chanter à Lyon, convièrent les Compagnons de la chanson ; Édith Piaf se trouvait dans la salle et y resta malgré une alerte qui interrompit, un moment, le spectacle. Le répertoire des Compagnons était tout ce qu'il y a de plus enraciné dans le folklore français, ce qui, dans Paris occupé, représentait, il faut le dire, une certaine forme de résistance. Cela dit, à « Perrine était servante », Édith Piaf préférait se demander, on l'a vu, où étaient tous ses copains « partis un matin / Faire la guerre[7] ».

Chanson audacieuse, écrite par Édith Piaf elle-même, qui n'eut jamais froid aux yeux, au point d'affronter les autorités allemandes de Paris, qui lui firent retirer ici et là cette chanson mobilisatrice. Au même titre que le fameux air de Rina Ketty chanté pour les prisonniers français en Allemagne : « J'attendrai, le jour et la nuit, ton retour », si ce n'est que la chanteuse, d'origine italienne, avait prudemment trouvé refuge en Suisse. La Suisse, justement, Édith Piaf y était allée en tournée et avait entendu à Lausanne, dans le cabaret Le Coup de Soleil qu'il avait monté, le chanteur-compositeur Jean Villard interpréter « Les trois cloches ». Elle en avait été ravie, se disant que cela enrichirait bien son répertoire, dont elle pensait à juste titre qu'il fallait le renouveler, en tournant un peu plus la page de la « Môme », de la cloche et des filles perdues. Ce Suisse de Montreux constitue un jalon indispensable dans l'histoire de la chanson de cabaret au XXe siècle et représentera pour beaucoup un modèle. Issu du théâtre du Vieux-Colombier où il avait travaillé comme acteur aux côtés de Jacques Copeau dans l'entre-deux-guerres, Jean Villard, passionné de musique populaire et de chanson, créera un type d'interprétation qui doit tout au théâtre, par le jeu dramatique et le mime ; se présentant sur scène — bien avant Montand ou Aznavour —, en pantalon et pull noir, il fait de l'interprète un acteur. Il crée, notamment, avec son compère Julien le duo Gilles et Julien, qui servira de modèle aux duos d'interprètes qui suivirent, entre autres les célèbres Pills et Tabet — par quoi l'on rejoint, là encore, la biographie de Piaf.

La chanson « Les trois cloches », que Jean Villard crée à Lausanne en 1940 et qu'il reprendra en 1947, à Paris cette fois, dans son cabaret Chez Gilles, est bâtie sur le modèle dramatique, en trois couplets qui représentent les trois actes de la vie : naissance (« Un nouveau-né nous est donné »), mariage (« Devant Dieu, dans la vieille église, / Ce jour ils se sont mariés ») et mort (« Un cœur s'endort, François est mort »). Le refrain, à trois reprises, fait intervenir les cloches, d'abord une cloche sonne joyeusement annonçant la naissance, puis toutes les cloches carillonnent pour célébrer le mariage, et enfin l'ultime cloche sonne le glas et la fin de cette histoire, qui n'est pas triste, car cette mort s'inscrit dans la permanence des choses et le destin commun, ainsi que nous l'ont appris l'Ecclésiaste hébraïque et le stoïcisme grec. On ne peut qu'être frappé par les derniers vers de cette chanson :

> Car toute chair est comme l'herbe,
> elle est comme la fleur des champs.
> Épis, fruits mûrs, bouquets et gerbes,
> hélas ! vont en se desséchant...
> [...]
> Ne tremblez pas cœurs fidèles
> Dieu vous fera signe un jour
> Vous trouverez sous son aile
> Avec la Vie Éternelle
> L'éternité de l'amour[8]...

Comment ne pas rapprocher cette fin du célèbre « Hymne à l'amour » composé par Édith Piaf en 1951 — cinq années après avoir chanté la chanson de Villard ?

> Nous aurons pour nous l'éternité
> Dans le bleu de toute l'immensité
> Dans le ciel, plus de problèmes
> Mon amour, crois-tu qu'on s'aime ?
> Dieu réunit ceux qui s'aiment[9] !

La parenté saute aux yeux, les mêmes mots se retrouvent : éternité, amour, Dieu. C'est bien là le signe que cette chanson, « Les trois cloches », marque un tournant décisif dans la carrière et le répertoire de Piaf. Mais surtout, comment ne pas rapprocher la chanson de Jean Villard de celle qu'écrit Édith Piaf un an après, « Les cloches sonnent », qu'elle chante en 1947 sur une musique de Marguerite Monnot, en donnant, là aussi, du carillon à la volée ?

Les cloches sonnent ce matin
Pour la mort de notre voisin
Sa femme, elle a bien du chagrin
Mais moi, mais moi, ça ne me fait rien.

Mais la fin de la chanson témoigne d'une étrange prémonition, comme si Édith Piaf voyait déjà la mort de l'être aimé... qu'elle n'a pas encore rencontré. On ne peut alors s'empêcher de penser à celle de Marcel Cerdan :

J'entends déjà les cloches sonner
Pour la mort de mon bien-aimé
Qui m'a fait tant et tant pleurer
Que je ne pourrai plus pleurer[10].

Mais pour l'heure elle est follement séduite par la chanson de Villard, et elle va mettre toute son opiniâtreté et sa force pour l'incorporer, en y associant — élément indispensable à ses yeux — les neuf gaillards qui chantent derrière elle, et dont elle a réglé elle-même l'interprétation et la mise en scène dramatique.

D'abord, ils n'en veulent pas, de cette chanson. « Perrine était servante, chez monsieur le curé », voilà ce qu'ils entendent chanter, encore et toujours, mais Piaf les secoue et se sent à nouveau un Pygmalion et une lionne, capable de dresser ces fauves. N'a-t-elle pas façonné Yves Montand ? N'a-t-elle pas, auparavant, recadré Paul Meurisse ? Elle entend faire de même avec sa meute. Édith Piaf a donc retrouvé dans ses cartons la belle chanson de Villard dont elle s'était dit, en l'entendant, en Suisse, « toi, je te chanterai ». Elle a alors cette idée lumineuse : « Les trois cloches » n'est pas faite pour être chantée en solo, mais convient pour un groupe. Elle contacte donc les Compagnons de la chanson qui lui opposent, d'abord, un non catégorique. « Et si je la chantais avec vous ? », suggère-t-elle alors, et voilà qui change radicalement l'ordre des choses. Piaf va donner à ses Compagnons — et à elle-même — leur plus beau tube. Un million de disques seront vendus, et aux États-Unis la chanson fera un tabac, traduite sous le titre « The Jimmy Brown Song ».

L'Amérique justement. Après une tournée dans toute la France et en Belgique, en Suisse et même dans les pays scandinaves, l'imprésario d'Édith Piaf, Louis Barrier (décédé tout récemment, en mai 2012), négocie le premier voyage de Piaf à New York en compagnie de ses neuf garçons. Il entre en contact avec Clifford Fischer — qui deviendra un grand ami d'Édith Piaf, au point qu'à sa mort elle ira à la synagogue lui rendre hommage. Ce Fischer, friand de nouveautés et découvreur de talents, est tout ouvert aux propositions de Loulou Barrier, qui réussit à composer ce *pack* étonnant — qu'il met quand même une année à boucler, car cela fait beaucoup de monde à embarquer : une femme et neuf hommes sur scène qui vont connaître un grand succès, pas immédiat d'ailleurs mais qui prélude au triomphe de Piaf à New York au cours des années qui vont suivre. Le 10 octobre 1947, le

Queen Mary lève l'ancre au Havre avec toute la petite troupe.

Pour la petite histoire, Fred Mella, le soliste des Compagnons de la chanson, rapporte ses doutes et son découragement et rend hommage à Édith Piaf d'avoir tout fait, une année durant, pour persuader les Américains d'inviter les dix artistes. Piaf est une femme de feu et de passion, et ces neuf gaillards sont un peu mous pour elle, alors elle leur promet, si elle réussit son coup, une bonne « paire de gifles ». Fred Mella en a gardé le touchant souvenir :

> Au bout d'un an, cette petite bonne femme volontaire gagna son bras de fer et nous permit une carrière américaine qui commença d'une étrange façon. Devant notre immense déception pour ce rêve américain qui nous semblait impossible, Édith, entêtée et un peu en colère par notre doute, nous promit à tous une paire de gifles le jour où nous franchirions la passerelle du « beau navire » en partance pour New York. Et c'est ainsi que, quelques mois plus tard, Clifford C. Fischer ayant finalement baissé les bras, je reçus de la blanche main d'Édith, avant de monter sur le *Queen Mary*, la paire de claques la plus agréable de ma vie[11].

Auparavant, toute la troupe aura eu le temps de tourner un film au titre éloquent, *Neuf garçons et un cœur*, de Georges Freedland, tourné du 16 septembre au 8 octobre 1947, et qui sortira en 1948. L'intrigue est au service des chanteurs : une chanteuse — Édith Piaf — et ses neuf compagnons se retrouvent, un soir de Noël, sans engagement. La chanteuse, et déjà cheftaine des Compagnons de la chanson, ce qu'elle est dans la réalité, va alors trouver son oncle (Lucien Baroux) qui est portier dans une boîte de nuit, mais celui-ci ne peut rien pour elle. Quand la réalité vous échappe, il reste la gratification du rêve. Édith Piaf fait donc un rêve merveilleux où elle se transporte au paradis, c'est-à-dire dans une boîte de nuit, où elle monte un spectacle. Or, comble de bonheur, à son réveil, son rêve se réalise. La chanteuse et directrice de compagnie obtient un engagement pour elle et ses amis. Et l'on entend, avec l'orchestre de Raymond Legrand, pas moins de sept chansons, dont, inévitablement, « Les trois cloches ». Édith Piaf chante aussi « La vie en rose ».

God bless America

La troupe fait ses débuts le 30 octobre 1947 sur la 48ᵉ Rue dans un music-hall de Broadway, le Playhouse Theater. Édith Piaf n'est pas très performante en anglais. Marcel Blistène lui a appris quelques rudiments qui ne font guère illusion ; on ne comprend pas ce qu'elle chante avec tant de dramatisme, il se trouve même un spectateur qui vient la féliciter pour ses chansons en italien ! Et aussi, face à la scène américaine, dans sa petite robe noire, minuscule et mal fagotée, elle n'a rien de la pin-up française et *sexy* que s'imaginait le public. Succès d'estime, donc, pour son entrée en scène, applaudissements polis et visible déception. En revanche, les Compagnons de la chanson, avec leur insolente santé et leurs chants de boy-scouts, chemise blanche et pantalon bleu, déchaînent l'enthousiasme, ce qui n'est pas sans vexer celle qui a tant fait pour les mettre dans ses bagages. Et c'est pour cela aussi qu'ils se séparent.

Elle s'en remet à son imprésario américain, Clifford Fischer, celui qui l'avait fait venir et qu'il avait fallu convaincre d'engager aussi les neuf Compagnons. Il réussit à convaincre un cabaret chic de Manhattan, justement appelé Le Versailles, d'engager Piaf. Ses arguments sont restés dans la mémoire d'Édith Piaf :

> Quand les gens auront pris l'habitude de sa petite robe noire... quand ils auront compris qu'une Parisienne n'est pas nécessairement surmontée d'un chapeau à plumes et affublée d'une robe à traîne, on se battra pour l'entendre[1].

Entre-temps, Édith Piaf a supprimé les interventions du présentateur — *The master of ceremonies* — qui, en traduisant systématiquement les paroles de ses chansons, interrompait intempestivement son tour de chant et ruinait l'émotion qu'elle y mettait, et elle a amélioré son anglais à coups de leçons particulières. Plus tard au Carnegie Hall, les enregistrements *live* nous montrent qu'Édith Piaf, présentant elle-même ses chansons, maîtrisait tout à fait l'anglais et que le public l'appréciait aussi pour cela, ainsi que pour son piquant petit accent. Engagée pour huit jours, *Miss Idiss,* comme on l'appelle, restera au Versailles huit semaines d'affilée, du 14 janvier au 10 mars 1948 — chiffre qu'Édith Piaf, dans ses Mémoires, augmente jusqu'à douze. Mais le succès est bien là et laisse espérer de prochains et nombreux séjours en Amérique. Édith Piaf, qui avait été refroidie et avait estimé, dans sa tournée avec ses neuf Compagnons, qu'elle s'était « cassée la gueule », peut se réjouir et chanter la gloire — sa gloire — de l'Amérique.

Et puis c'est à New York qu'elle fait des rencontres décisives. Avant ses débuts, le 19 octobre, elle dîne dans la banlieue new-yorkaise en compagnie de Jacques Pills (qu'elle épousera cinq ans plus tard) et Lucienne Boyer, son épouse et grande interprète de ce tube d'avant guerre : « Parlez-moi d'amour, redites-moi des choses tendres… », qu'elle créa en 1930 et qu'Édith Piaf ne chanta jamais, pour incompatibilité de répertoire. Au cours de ce dîner, un invité surprise se joint au petit groupe, c'est Marcel Cerdan, qui doit se rendre à Chicago pour son combat de boxe contre l'Estonien Anton Raadik, entamant ainsi sa carrière américaine qui allait le conduire, bientôt, au championnat du monde. Et puis, venue l'encourager au Playhouse, il y a là également Marlene Dietrich, qu'Édith Piaf avait dû rencontrer précédemment au Club des Cinq à Paris, où son amant du moment — qui fut son grand amour impossible —, Jean Gabin, l'avait emmenée. De nombreux acteurs américains assisteront à son tour de chant, prolongé jusqu'en janvier 1948 : John Garfield — avec qui Édith Piaf devait avoir une brève liaison, mais aussi Greta Garbo, Joséphine Baker, Claudette Colbert, Joan Crawford, Dorothy Lamour, etc. Elle rencontrera, plus tard, à Hollywood les plus grandes stars du cinéma, dont Charlie Chaplin qui voudra écrire une chanson pour elle, mais ne le fera finalement pas*.

C'est lors de cette première tournée américaine

---

* Piaf rencontre Charlie Chaplin dans sa propriété de Beverly Hills et rapporte ses propos : « Édith, me dit-il comme je remontais en voiture, j'écrirai un jour une chanson pour vous, paroles et musique » (Édith Piaf, *Au bal de la chance*, L'Archipel, 2003, p. 142).

que semble s'être scellé le couple formé par Édith Piaf et Marcel Cerdan. Une scène décisive est cette première invitation à dîner en tête à tête. Marcel, qui a des goûts assez frustes, convie Édith Piaf dans un drugstore où ils dînent vite fait, assis au comptoir sur de hauts tabourets, le tout pour quarante cents. Une misère. Ce n'est certes pas du goût d'Édith Piaf qui envoie à Marcel : « Eh bien, vous alors, quand vous invitez quelqu'un vous ne vous ruinez pas[2]. » Aussitôt Cerdan, vexé, invite Piaf dans un des meilleurs restaurants français de New York, Le Gourmet : ils ingurgitent un second dîner, cette fois bien arrosé, et Marcel raccompagne Édith Piaf jusqu'à sa chambre au Waldorf-Astoria, le palace bien connu. Début d'une idylle. Ou plutôt d'une liaison, mais qui va devenir un grand amour, le seul grand amour d'Édith Piaf, celui qui marquera à jamais son existence.

Deux petits gants de cuir

Édith Piaf était venue à New York avec ses neuf Compagnons, dont l'un était son amant, Jean-Louis Jaubert. Le coup de foudre pour Marcel amènera Édith Piaf, comme elle le fit souvent, non sans brusquerie, à éconduire proprement son ami du moment, malgré un projet de mariage. Jean-Louis Jaubert était le séducteur du groupe et aussi le meneur de jeu, avec sa belle voix de basse et son sens de l'organisation ; c'est avec lui qu'Édith Piaf avait traité et planifié ce voyage aux Amériques et, bien sûr, ils étaient très proches. Mais face à Cerdan, Jaubert, aux yeux d'Édith Piaf, ne faisait plus le poids.

Lorsque le nouveau couple débarquera à Orly après la victoire de Cerdan sur Tony Zale, la photo nous montre le sourire rayonnant d'Édith Piaf et de Marcel Cerdan, tandis qu'au second plan Jean-Louis Jaubert fait la grimace.

En fait, Édith Piaf et Marcel Cerdan avaient fait connaissance deux ans plus tôt à Paris, où, le 7 juillet 1946, Marcel, au sortir de son match victorieux, à Roland Garros, contre l'Américain Holman Williams — match capital qui allait ouvrir à

Cerdan les portes de l'Amérique — avait fini sa soirée au Club des Cinq où se produisait Édith Piaf. Ce cabaret, 13 rue du Faubourg-Montmartre, avait ouvert ses portes un an plus tôt, créé par cinq anciens de la 2e division blindée de Leclerc qui avait libéré Paris, et l'on se rappelle que c'est là aussi, aux côtés d'Édith Piaf, qu'Yves Montand avait fait ses débuts sur la scène parisienne.

Et pourquoi Cerdan y va-t-il ce soir-là alors que le match éprouvant contre l'un des meilleurs boxeurs du monde l'a laissé avec une fracture à la main ? Parce que l'organisateur de ce match, Joe Longman, est justement l'un de ces cinq anciens combattants, et il deviendra en 1948 le manager de celui qu'on a surnommé le « bombardier marocain ». Marcel et Joe s'étaient, en fait, connus en 1943, à Casablanca où Joe, militaire, était officier des sports, plus spécialement chargé d'organiser des matches de boxe, et il avait vu boxer Cerdan avec admiration et estime. Leur amitié s'était cimentée là, pour être réactivée après la guerre. Au point que Joe allait bientôt remplacer auprès du boxeur son manager du moment, Lucien Roupp. Et voilà pour cette soirée mémorable où Marcel va succomber au charme d'Édith Piaf, frêle silhouette noire à la voix de bronze.

Puis vient cette rencontre à New York à la table de Jacques Pills, et le plaisir que prend Marcel à réentendre Édith Piaf chanter et, comme lui avec ses gants, conquérir l'Amérique avec sa voix. Leur histoire va durer jusqu'au 27 octobre 1949, date de la mort de Cerdan. Un an et demi de passion, le seul grand amour de la vie de Piaf. « Avant lui, je n'étais rien », ose-t-elle écrire dans *Ma vie* : « Oh, pardon, j'étais une chanteuse célèbre, très célèbre, même. Mais moralement, j'étais une désespérée[1] », soulignant tout ce qu'elle doit à cet homme d'exception :

> Marcel m'a réappris à vivre. Il m'a retiré l'aigreur et le goût du désespoir qui m'empoisonnait l'âme et le corps.
> Il m'a fait découvrir que la douceur, la sérénité, la tendresse existaient. Et le monde, alors, s'est illuminé pour moi[2].

Ils ont passé leur première nuit ensemble la veille du combat contre Raadik, où Marcel a eu beaucoup de mal, au dixième round, à tenir sur ses jambes : l'amour et l'excès de bonne chère, sans doute. Les voilà liés pour le meilleur et pour le pire. Avec deux obstacles majeurs : d'une part l'entraîneur Lucien Roupp voit d'un très mauvais œil cette idylle qui, selon lui, compromet la performance de son poulain, et le fait est que le match avec l'Estonien a été pour Cerdan un vrai calvaire ; d'autre part, la rumeur publique répand cette scandaleuse liaison, qui va jusqu'à toucher Casablanca et résonner aux oreilles de Marinette, l'épouse de Marcel. Ce dernier recevra la visite de son frère aîné, Antoine, venu spécialement le dissuader de poursuivre cette relation adultérine, mais vainement car Marcel est vraiment amoureux. Nous avons bien là un amour fou, un amour vrai, et cela finit par ressembler à cette chanson qui va ajouter à la gloire de Piaf, l'« Hymne à l'amour » :

Le ciel bleu sur nous peut s'effondrer
Et la terre peut bien s'écrouler
Peu m'importe si tu m'aimes
Je me fous du monde entier[3].

Cette chanson, c'est Piaf elle-même qui en compose les paroles et l'on entend bien sa voix, exigeante, colérique, rebelle, avec une expression qui fait écho à la chanson que Michel Emer avait composée pour elle et qu'elle chantait l'année même où elle rencontrait Marcel à Paris :

J'm'en fous pas mal
Y peut m'arriver n'importe quoi
J'm'en fous pas mal
[...]
Mais ce que les gens pensent de vous
Ça m'est égal !
J'm'en fous[4] !

Malgré tout, il faudra aux amants prendre de sérieuses précautions. Ainsi, puisqu'ils sont inséparables, c'est le chauffeur de Cerdan, Jo Rizzo, qui, sur les instances de Roupp et en faisant croire qu'il loue un bungalow pour sa sœur malade (prétendument, Édith Piaf) accompagnée d'une amie (en l'occurrence, Momone qui, pour l'occasion, a rejoint Piaf à New York), les convoie en les dissimulant sur le siège arrière de sa Cadillac jusqu'à Loch Sheldrake, à cent soixante-dix kilomètres de New York, le petit village où le boxeur s'entraîne pour son championnat du monde. Et les deux femmes vont rester ainsi huit jours recluses dans leur bungalow sans jamais sortir, ravitaillées par le chauffeur, le manager et le boxeur qui, la nuit, va dormir sagement dans le bungalow qu'il partage avec Lucien Roupp, son cerbère.

Le 21 septembre 1948 a lieu, enfin, le championnat du monde de boxe des poids moyens entre le « bombardier marocain », et « l'homme d'acier », ainsi qu'est surnommé Tony Zale (Zaleski, de son nom d'origine), dont ce sera le dernier combat. L'immense enceinte du Roosevelt Stadium accueille pas moins de vingt mille spectateurs, un record pour un match de boxe. Match acharné et chacun en sortira marqué mais, à la douzième reprise, Zale ne se relève pas et Cerdan est proclamé champion du monde. Le lendemain, Édith Piaf reprend son tour de chant au Versailles, plus glorieuse que jamais, et Marcel reste auprès d'elle, au grand dam du public français qui voudrait au plus vite célébrer son champion. Marcel quitte New York le 30 septembre alors qu'Édith Piaf ne retournera en France que le 15 décembre. Dans l'intervalle, Édith Piaf confie son amour — son amour fou — pour Marcel à son vieux confident Jacques Bourgeat :

> Je l'aime tant que, quand il n'est pas près de moi, je n'ai plus envie de vivre [...], une espèce de désespoir s'empare de moi et il faut tous ceux que j'aime pour m'empêcher de faire des bêtises. Dès que je le vois, je ne sais que le regarder, l'admirer et je n'ose regarder ailleurs, de peur de perdre une seconde qui m'est précieuse. Plus je le vois et plus je l'aime[5].

Cependant, Marcel la rejoindra à New York le 16 novembre pour des vacances bien méritées et ils rentreront ensemble. Se jetant alors dans la gueule du loup, c'est-à-dire de l'opinion publique affriandée par cette liaison scandaleuse. Édith redoute tellement la mauvaise publicité qu'elle fait croire qu'elle va rentrer quatre jours plus tard, le 20 novembre, afin de préserver un semblant d'intimité. Ils ont été fort échaudés par Momone, qui avait accompagné Piaf à New York et avait menacé de tout révéler à la presse. Hystérique et ivre, elle s'était retrouvée tout aussitôt bâillonnée, ligotée, puis expédiée par le premier avion pour Paris où, ulcérée, elle déposerait plainte pour séquestration, coups et blessures, en prenant pour avocat nul autre que le célèbre maître René Floriot, qui s'était illustré en sauvant la tête de l'ambassadeur allemand à Paris Otto Abetz et en défendant le célèbre docteur Petiot, assassin psychopathe, à qui il ne put éviter la guillotine. Mais, finalement, Momone retirerait sa plainte et demanderait pardon à Édith. Au final, il n'en demeure pas moins que Piaf doit se justifier, dans la presse française, pour préserver la paix du ménage des Cerdan :

> Je le redis encore, j'ai une affection très sincère et très fraternelle pour Marcel Cerdan. J'ai vécu près de lui à l'étranger où, fatalement, des gens du même pays se rapprochent plus encore. La lutte, pour moi qui ai lutté aussi pour réussir et qui connais le prix de l'effort soutenu a été un peu la même, et elle nous a inspiré à l'un comme à l'autre une amicale affection.

Est-ce si difficile à comprendre, et faut-il, parce que nous ne sommes pas du même sexe, imaginer d'autres conséquences[6] ?

La vie des deux vedettes continue, d'abord à Paris où la chanteuse prend un nouvel appartement pour eux deux, et ce sera un hôtel particulier à Boulogne, 5 rue Gambetta, qu'elle meuble fastueusement. Puis, elle part en tournée en France, et même en Égypte, en février, où Lumbroso lui a décroché un contrat juteux. Du même coup, Édith Piaf n'ira pas à Detroit où Marcel met en jeu son titre contre Jack LaMotta. Et c'est la défaite, cuisante pour Marcel, qui doit s'incliner devant plus fort que lui au neuvième round. Édith Piaf s'accuse de n'avoir pas été là. Marcel revient, sûr de prendre bientôt sa revanche. Mais comme l'on sait, il n'y en aura pas ; d'abord LaMotta fait reporter le match en prétextant une luxation. Puis, le jour venu, le boxeur, qui devait faire la traversée en bateau, prend l'avion *in extremis*, sur les instances d'Édith Piaf, profitant d'un ultime désistement. *Miss Idiss*, qui chante alors au Versailles, n'en peut plus d'être séparée de l'homme qu'elle aime. Mais nous voilà terrifiés par ce réseau de circonstances fatales. Le 27 octobre 1949, le *Constellation* s'écrasera sur un pic des Açores. Son corps ne sera retrouvé que grâce au bracelet-montre que Piaf lui avait offert. Le soir même, Édith Piaf chantera l'« Hymne à l'amour », qu'elle avait composé pour Marcel et s'effondrera à l'issue de la chanson.

Un mois plus tôt, Édith Piaf avait écrit, sur une musique de Marguerite Monnot, les paroles de ce chef-d'œuvre, sa chanson la plus inspirée, en l'honneur de l'homme de sa vie, et l'avait créée le 14 septembre au Versailles, devant un parterre de vedettes dont Marlene Dietrich :

Tant que l'amour inondera mes matins
Tant que mon corps frémira sous tes mains
Peu m'importent les problèmes
Mon amour puisque tu m'aimes[7]...

L'inspiration d'Édith Piaf est visible : il n'y a qu'elle pour narguer le sort et envoyer tout le monde au diable. Que de fois trouvons-nous sous ses lèvres le fameux « je m'en fous », « je m'en fiche » et « peu m'importe » ! Ainsi, pêle-mêle : « J'sais pas c'qui m'arriv'ra, si ça dur'ra longtemps, / Mais j'me fich'du plus tard, j'veux penser qu'au présent » (« C'est lui que mon cœur a choisi », paroles de Raymond Asso), la chanson de Michel Emer intitulée « J'm'en fous pas mal », si prémonitoire, comme si le malheur était toujours à portée de main : « Y peut m'arriver n'importe quoi / J'm'en fous pas mal », avec en regard les bras de son amant : « J'ai mon amant qui est à moi.../ Avec lui j'irais n'importe où / L'reste après tout, / J'm'en fous ! » Le tout culminant dans l'une des dernières chansons d'Édith Piaf, lorsqu'elle remonte sur scène après ses ennuis de santé en 1960 :

Non, rien de rien,
Non, je ne regrette rien,
C'est payé, balayé, oublié,
Je me fous du passé[8].

Édith Piaf poursuivra sa route, avec une sorte de fatalisme qui lui est familier. « Ici ou là, déclare-t-elle, qu'importe, je suis seule désormais et je suis avec lui[9]. »

Il restera de ces deux années de passion amoureuse un échange de correspondance publié après sa mort, *Moi pour toi. — Lettres d'amour*, d'Édith Piaf et Marcel Cerdan. Lettres de Marcel recueillies par son frère, Armand Cerdan, et lettres d'Édith Piaf pieusement conservées, puis confiées à son secrétaire Marcel Tombreau, précepteur à Paris des enfants de Cerdan venus de Casablanca afin d'y poursuivre leurs études. C'est Tombreau qui léguera toutes ces lettres au Musée des amis d'Édith Piaf, à Paris.

Arrêtons-nous à la dernière lettre, tellement décisive, qu'Édith Piaf envoie de New York à Marcel le 24 septembre 1949, soit un mois avant la tragédie :

Mon tout petit que j'adore !
[...]
Mon amour, ma vie, que de tourments tu me donnes. Vivement jeudi que je puisse rêver couchée sur ton cœur, que je puisse t'aimer comme j'en ai envie. Les heures sont si longues sans toi et la vie est sans aucun but. [...] Je t'aime si profondément que j'en arrive à être obsédée le jour et la nuit. Viens vite arrêter mes angoisses et je t'appartiens tout entière.
Ta petite si petite devant toi, mon beau seigneur[10].

Cerdan, qui vient d'apprendre le forfait de LaMotta, va donc la rejoindre à New York et rester avec elle jusqu'au 2 octobre.

Du 20 mai au 24 septembre 1949, nous disposons de quarante-quatre lettres d'amour. Il est frappant de constater à quel point les mots d'amour peuvent apparaître aussi comme des paroles de chanson : « Mon amour est plus fort que jamais [...] Je suis à toi de toute mon âme [...] Je n'ai qu'une chose en tête, toi, toi, toi [...] Je me couche avec toi et je me réveille avec toi [...] C'est simple, mon cœur t'attendait [...] Je t'aime à m'en couper le souffle [...] Tu es toute ma vie entière [...] Tout moi t'appartient [...] Je t'aime tant que cet amour me fait peur [...] Je t'aime à en crever. » Et Marcel va même jusqu'à oser lui écrire en anglais : « *I LOVE YOU*[11]. »

Pour l'amour de Marlene

Ce baiser est l'un des plus beaux de l'iconographie cinématographique. Toutes deux ont les yeux clos, le visage tendu, l'une vers l'autre, la blonde et la brune confondues, la chevelure platinée et les cheveux frisés. Ces deux-là s'aiment. Se sont aimées. Une belle histoire d'amour et d'amitié. Nous sommes toujours là dans l'univers passionnel d'Édith Piaf.

Ce n'est pas un baiser sur la bouche conventionnel, comme l'on en voit parfois dans le cinéma américain, entre deux femmes, sur scène, à l'heure des Oscars, notamment. Ici les visages s'inclinent et se penchent, pour permettre aux lèvres de vraiment s'unir et se fondre dans la mouillure des langues. C'est un baiser passionné. Et pour cela, pour cette femme, pour Édith Piaf, certes, qui a tant manqué de tendresse dans son existence, nous sommes profondément touchés, émus, émerveillés.

Marlene est venue entendre Édith Piaf au Versailles, comme bon nombre d'acteurs qui constituaient alors une frange de l'intelligentsia new-yorkaise, comme John Garfield, Gene Kelly, mais aussi les plus grandes stars de Hollywood, Gary Cooper ou Humphrey Bogart ; Cary Grant, Bing Crosby ; et puis Joan Crawford et Bette Davis — les éternelles sœurs ennemies. Marlene vient prendre Édith Piaf par le bras et l'entraîner à l'écart de sa loge encombrée d'admirateurs : et là elle lui offre une magnifique croix en or sertie de sept émeraudes, dont elle dit qu'elle a été bénie par le pape et qu'elle portera chance à la Môme. Et tel fut, sans aucun doute, le prélude au fameux baiser des deux artistes.

Bientôt, elle sera son témoin lors du mariage avec Jacques Pills, et les photos nous la montrent empressée aux pieds d'Édith Piaf qu'elle habille, chausse et coiffe.

Lors de son enterrement, elle sera au premier rang des éplorés au cimetière du Père-Lachaise.

Dans *Le Bal de la chance*, Édith Piaf dit n'avoir reçu de paroles de réconfort que de Marlene Dietrich, après tout une Européenne comme elle, et voilà l'éloge qu'elle lui rend et qu'on ne saurait oublier :

Pour moi elle s'est montrée d'un dévouement incomparable. Elle me voyait inquiète, tracassée, tourmentée, vaincue ou presque. Elle s'est attachée à mes pas, veillant à ne point me laisser seule un instant avec mes pensées, elle m'a préparée pour de nouvelles batailles et, si je les ai livrées et gagnées, c'est parce qu'elles les a voulues, alors que je crois bien que je ne les souhaitais plus. Je lui en garde une profonde gratitude.

De son talent éblouissant, de sa beauté éclatante, je ne dirai rien. Elle est la grande dame du cinéma. Marlene l'Irremplaçable[1].

On comprendra, par là-même, l'amitié très forte, intense, passionnelle, de ces deux femmes qui séduisaient autant les hommes que les femmes. On sait que Marlene Dietrich s'était amusée à scandaliser en descendant les Champs-Élysées en tailleur d'homme, mais qui peut nous empêcher de penser qu'elle cherchait seulement à provoquer ? Toute sa vie, elle a été une rebelle. On sait aussi qu'elle aima notre plus grand acteur de cinéma du moment, Jean Gabin, dont le seul tort était d'être marié et de ne rien vouloir changer à sa vie. C'est d'ailleurs ce qui plut à Marlene chez Piaf dès qu'elle ouvrit la bouche : elle reconnut chez elle l'accent et la gouaille de son amant français.

Le cœur d'Édith Piaf s'ouvre à une autre femme, une Bretonne qui la touche infiniment parce qu'elle est aveugle, comme elle-même le fut dans son jeune âge ; cette femme habitant un petit bourg d'Ille-et-Vilaine, Bazouges-la-Pérouse, est poète : Angèle Vannier. Angèle rencontre Édith Piaf et lui donne un magnifique poème, « Le chevalier de Paris », qui, mis en musique par Philippe Gérard, et chanté par Piaf en 1950, obtient le Grand Prix du disque de l'académie Charles-Cros 1951.

Dans son interprétation, Piaf s'en donne à cœur joie en grasseyant plus que jamais ces deux mots à la rime en « o », « métros » et « bistrots », en y mettant toute sa gouaille bellevilloise, et elle chante cette balade pleine de la nostalgie de la lande bretonne. « Le grand chevalier du cœur de Paris / Se rappelait plus du goût des prairies. […] / Dedans les métros,

/ Dedans les pavés, / Dedans les bistrots. » Ce « Chevalier de Paris » retourne enfin vers le pays breton, retrouver « les pommiers doux » et « les enfants / Qu'ont le cœur fidèle / Et les genoux blancs[2] ». Retour à l'harmonie bucolique, retour à l'innocence. Nous sommes bien loin de la misère des « ombres de la rue ». *France-Dimanche* titra alors : « Piaf mène cette aveugle sur le chemin de la gloire. » Tout en reprenant à son compte la légende de la cécité de la petite Édith de Bernay, n'hésitant pas à affirmer : « Piaf... s'est souvenue qu'elle aussi avait perdu la vue jusqu'au jour où à l'âge de six ans elle la recouvra grâce à sainte Thérèse de Lisieux[3]. »

Marlene Dietrich, Édith Piaf, Angèle Vannier : trois femmes libres et rebelles qui, à l'instar du tableau de Delacroix célébrant les journées révolutionnaires de 1830, incarnaient, chacune à sa manière, *La Liberté guidant le peuple*.

Et, puisqu'on parle de révolution et de peuple libéré, Édith Piaf a prêté sa voix vibrante et patriotique au chant révolutionnaire — « Ah, ça ira, ça ira ! » — dans le film que Sacha Guitry tourne en 1953, *Si Versailles m'était conté*. Juchée sur les grilles du château de Versailles, aérienne et fougueuse, les mains serrant les pointes dorées de la grille royale, Piaf nous livre là une vision saisissante de la Révolution de 1789, sur des paroles spécialement écrites par le metteur en scène :

V'là trois cents ans qu'ils nous promettent
Qu'on va nous accorder du pain.
V'la trois cents ans qu'ils donnent des fêtes

Et qu'ils entretiennent des catins.
V'là trois cents ans qu'on nous écrase.
Assez de mensonges et de phrases
On ne veut plus mourir de faim[4].

Naturellement, Sacha Guitry connaissait bien Édith Piaf — d'une certaine façon, ils avaient traversé la guerre, ou plutôt l'Occupation, ensemble —, il l'appréciait et l'aimait, et nul doute qu'il a écrit ces paroles en songeant aux premières chansons misérabilistes (les catins, le pain des pauvres, la faim) de la Môme Piaf. Cocteau, Guitry... Édith Piaf séduisait les plus grands !

Pour le meilleur et pour le pire

Le cœur d'Édith Piaf est resté en Amérique, là où Marcel Cerdan et elle se sont aimés pour la première fois. Elle entreprend une quatrième tournée à New York en 1950, départ fixé au 7 septembre, avec dans les bagages de la chanteuse quelqu'un qui sera son plus fidèle ami — et jamais son amant —, Charles Aznavour, ainsi qu'un nouveau venu, Eddie Constantine, un débutant qu'elle va aimer à son tour, et qui lui fait l'immense cadeau de traduire son « Hymne à l'amour* » en anglais, tel qu'elle le chantera alors à New York, dans le souvenir de Marcel : « *Just for you I sing a hymn to love*[1]. »

Édith Piaf avait un charme immense lorsqu'elle chantait en anglais, les mots sont tout autant articulés qu'en français, mais la labialité de la langue anglaise lui donne plus de souplesse, elle a banni tous ses « r » grasseyés et nous avons à l'oreille une passion qui, paradoxalement, dans l'effacement des

---

* Notons qu'il existe une autre version qu'Édith chantera au Carnegie Hall en 1956, dans une traduction de G. Parsons qui semble mieux rythmée, « *If you love me* ».

consonnes martelées, semble encore plus déchirante, plus émouvante. New York adora Édith Piaf chantant en anglais — il l'adora aussi en français, bien sûr, car elle alternait les chansons en anglais et les chansons en français, qu'elle présentait alors en en donnant au préalable la traduction en anglais pour le public américain qui lui fit une ovation à chacune de ses prestations. La grâce d'Édith Piaf chantant en anglais est inoubliable à l'oreille.

Édith Piaf chantera plus tard la version anglaise des « Feuilles mortes », « *Autumn Leaves* », de la plume de Johnny Mercer — « *My darling, when autumn leaves start to fall*[2] » — que le général Eisenhower lui demandera de chanter devant lui. Là aussi, l'émotion est intense, et, par rapport à l'interprétation virile et chuchotée d'Yves Montand, Piaf choisit un vibrato plus sonore, dans un balancement swingué, avec des lenteurs, des hésitations comme un aveu où l'amour explose d'émotion dans l'aigu et les tremblements de la voix. À la reprise, elle la chantait ensuite en français, puis mélangeait les deux, comme si elle passait du bien-aimé français à l'amant anglais, avec un *darling* haché, retenu, sublimé... Elle interprétera encore « *I shouldn't care* », version anglaise de « J'm'en fous pas mal », l'immense succès de Michel Emer, à la façon d'une crooner avec infiniment de douceur. Édith Piaf restera à New York jusqu'en janvier 1951 et prendra ses distances avec Eddie Constantine. À vrai dire, c'est lui qui les prendra, étant marié et, finalement, épris de sa femme et de sa fille Tania (avec qui il chantera plus tard en duo un de ses

1. Édith Piaf à l'âge de cinq ans, vers 1920.
Coll. part.

« *Raymond m'a appris
à devenir un être humain.
Trois ans de tendresse
pour m'apprendre qu'il existe
un autre monde que celui
des putes et des souteneurs.* »

2. Édith Piaf et Raymond Asso au théâtre de l'ABC, 1937.

3. Chez un bougnat de la rue de Charenton avec son accordéoniste Robert Juel, 1936. Photo de Jean-Gabriel Séruzier.

4. Édith Piaf dans sa loge, 1939. Photo de François Kollar. Paris, médiathèque de l'Architecture et du Patrimoine.

5. Édith Piaf en 1939 photographiée par le studio Harcourt.
Paris, médiathèque de l'Architecture et du Patrimoine.

« Quant aux robes, je ne les mettais jamais ! Sorties de la maison de couture, elles perdaient leur magie, et j'en revenais à mes classiques petites robes noires. »

6. Dans les bras d'Yves Montand, dans les années 1940.

7. Édith Piaf et Marcel Cerdan lors du dîner à New York du Championnat du monde de boxe des poids moyens en septembre 1948.

8. Marlene Dietrich aux petits soins avec Édith Piaf le jour de son mariage avec Jacques Pills à New York, 29 juillet 1959.

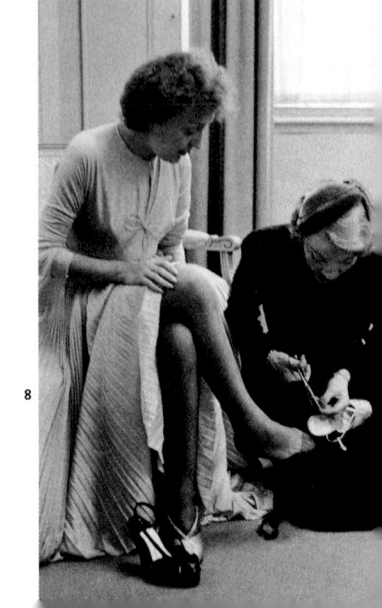

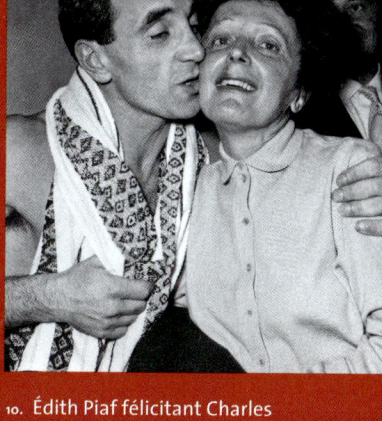

10. Édith Piaf félicitant Charles Aznavour après son spectacle à l'Alhambra, 9 octobre 1958.

9. Édith Piaf sur scène aux États-Unis.

11. Répétition avec Charles Dumont dans les années 1960.

12, 13, 14. Édith Piaf sur scène à Chicago en 1955.
Photos de Maurice Seymour.

15. Édith Piaf sur scène à l'Olympia en 1961.
Photo de Jean-Philippe Charbonnier.

16. Édith Piaf dans sa loge à l'Olympia, avec son accordéoniste Marc Bonel, 1961.

17. Édith Piaf et Théo Sarapo, vers 1962.

*« Dormir,
c'est du temps perdu.
Dormir me fait peur.
C'est une forme
de mort. »*

18. À l'Alhambra en décembre 1962.
Photo de Jean-Pierre Leloir.

derniers tubes, « L'homme et l'enfant »). De retour à Paris, s'il est vrai qu'Édith Piaf et Eddie Constantine créeront, en compagnie de Charles Aznavour, la comédie musicale *La P'tite Lili*, l'acteur américain vivra désormais avec femme et enfant, et Édith Piaf se retrouvera bien seule.

Pas pour très longtemps. C'est un cycliste qui va devenir son chevalier servant, le champion du monde André Pousse, qui deviendra ensuite un acteur fétiche de Lautner et d'Audiard. Bientôt suivi d'un autre champion cycliste auquel Piaf accordera plus longuement son affection, Louis dit Toto Gérardin, champion du monde en 1930, et par ailleurs marié, comme tous les précédents… Est-ce l'effet Cerdan ? Nous disposerons d'une liasse de lettres, plus d'une cinquantaine, écrites par Édith Piaf pendant l'année que durera leur liaison, du 15 novembre 1951 au 18 septembre 1952. Des lettres très élaborées, peut-être trop littéraires, comme si l'épistolière jouait au jeu de la correspondance amoureuse avec un brio étourdissant, mais aussi en s'épanchant comme elle ne l'a jamais fait. Elles sont évidemment cruelles pour qui se souvient des lettres à Marcel : « Jamais je ne me suis sentie si bien, si près du bonheur complet, écrit-elle à Gérardin, tout commence et finit par toi, toi ! toi ! toi !!!! » « Mon amour si beau », ainsi commence-t-elle, « Mon adoré […] Mon petit homme chéri […] Mon amour mon amour […] Mon grand amour », tandis qu'elle signe « Ton petit bout […] Ta toute petite […] Ton petit bout qui t'appartient[3]. » Édith Piaf semble s'être laissée séduire par la littérature ; à cette époque, elle a déjà beaucoup lu, beaucoup réfléchi aussi à la poésie, aux paroles de ses chansons, à tout ce que peut lui apporter la langue française, qu'elle cultive assidûment. Si Toto est loin d'elle, elle lui écrit que son « cœur va cesser de battre, comme des sanglots qui vous étouffent[4] ». Mais, bien sûr, cet amour nouveau est là pour cacher l'ancien, pour le recouvrir comme un emplâtre, comme un pansement :

> Pour moi, mon amour, tu m'as tout donné. L'envie de vivre de toute la vie, tu as guéri une blessure pourtant bien profonde, tu as touché le fond de mon désespoir avec tant de délicatesse et tu m'as redonné confiance en moi[5] !

Alors, si nous mettons de côté l'exagération — l'exacerbation — des sentiments et passons sur cette emphase qui parfois tombe dans le pathos amoureux, nous voyons que, dans ce cas-là comme dans le précédent et comme dans ceux qui vont suivre, ce ne sont que liaisons de substitution. Édith Piaf est si désespérée par la disparition de Marcel Cerdan qu'elle s'étourdit dans le plaisir, en recherchant davantage la compagnie masculine que la satisfaction de la chair et la concupiscence. D'ailleurs, Édith Piaf était-elle tant portée sur le sexe ? Ses secrétaires évoquent son extrême pudeur, ses amants la découvraient en longue chemise de nuit, elle ne s'exhibait pas nue devant eux — et d'ailleurs elle avait quelque complexe à cet égard. Comment ne pas retrouver à travers pareil comportement la petite fille abandonnée par sa mère, élevée à la dure par son père, ballottée entre diverses femmes dont pas mal de prostituées ou d'ivrognesses, et traversée par les drames et la tragédie — notamment la perte de Marcel Cerdan. Et qu'on s'étonne ensuite de ses gamineries, des poupées et poupons qu'elle accumulait et de ce rapport profondément affectif qu'elle entretenait avec ses hommes et amants ; sans doute lui suffisait-il d'une épaule secourable et de quelques mots de tendresse. C'est là le besoin essentiel de tout cœur éploré, et le reste n'est qu'un supplément, non pas d'âme, mais de corps, et rien n'indique qu'Édith Piaf ait été particulièrement sensible aux séductions de la chair. Quelques-uns des hommes qui passèrent dans son lit étaient même homosexuels : il y aura le peintre américain Douglas Davis, plus tard le jeune Claude Figus et, bien sûr, Théo Sarapo. D'aucuns parleront volontiers de sa frigidité. Disons, pour notre part, que point trop n'en faut, et nous savons que la chanteuse connut l'amour, et ses éblouissements, à maintes reprises. Et qu'elle le chanta passionnément, avec tout le feu de sa voix. Disons aussi que quelque chose de désespéré dans sa démarche la poussait dans les bras de n'importe quel chien mal coiffé. Elle allait à l'amour comme on marche à la mort.

Elle n'a pas encore essayé le mariage, faute d'occasions, ses précédents amants étant tous « en main » et dans une situation pour le moins incommode. L'arrivée de Jacques Pills va donc changer la donne et marquer un tournant dans sa vie. Jacques Pills chantait avant guerre avec Georges Tabet, le fameux duo Pills et Tabet, s'illustrant notamment dans le tube de Mireille *Couchés dans le foin avec le soleil pour témoin*. En 1938-1939 le nom d'Édith Piaf s'écrivait en tout petit sur l'affiche où explosaient les vedettes Pills et Tabet, et elle ne les côtoyait pas. Pouvait-elle ignorer, cependant, ce tube de Jacques Pills qu'il chanta dans un film célèbre de Christian Stengel, *Seul dans la nuit*, en 1945, où il jouait le rôle d'un « chanteur de charme » (comme on disait), pris dans les rets d'une enquête policière.

Cependant, lors d'une tournée à Nice en 1941, Édith Piaf croisa à nouveau la route de Jacques Pills et, cette fois, la sympathie s'installa entre eux... sauf que lui n'était pas libre, étant depuis 1939 l'époux de Lucienne Boyer. Puis ce fut l'Amérique et cette fameuse soirée où, à la table de Jacques et Lucienne, Édith Piaf fit la connaissance de Marcel Cerdan. Le destin a eu le temps de tisser bien des fils, dont le dernier est cette chanson que Jacques Pills compose lors d'une tournée américaine dans la ville uruguayenne de Punta del Este, alors qu'il vient de divorcer. Il est accompagné d'un jeune pianiste toulonnais, au fougueux talent, Gilbert Bécaud, qui met ses paroles en musique. Cette chanson, dont Jacques Pills n'ose dire le titre — par trop engageant — à Édith Piaf, sera « Je t'ai dans la peau ». Les deux chanteurs se rencontrent — se retrouvent — à l'hôtel George-V à l'initiative de l'agent américain Eddie Lewis, qui a succédé à feu Clifford Fischer. Jacques interprète à Édith Piaf cette chanson, en rougissant peut-être :

Je t'ai dans la peau
Y'a rien à faire

[...]
J'ai froid j'ai chaud
Je sens la fièvre sur ma peau[6].

    Cela ressemble à une déclaration d'amour. Et cela le sera, cela l'est déjà. Les jours suivants, il faut bien répéter, et Édith Piaf fait venir Jacques chez elle, interprétant cette chanson ainsi qu'il l'a chantée pour elle la première fois, sans rien ajouter à son jeu de scène, une chanson identifiée, en quelque sorte, à ce gentil garçon plein de délicatesse et si différent des deux sportifs qu'elle a successivement connus et laissés. Et cette camaraderie a duré entre eux jusqu'à ce que Pills déclare enfin son amour. Puis ce fut la demande en mariage, qui fut célébré à New York le 20 décembre 1952. Édith Piaf devint madame Ducos (vrai nom de Jacques Pills) dans une petite église française, conduite à l'autel par son imprésario, Louis Barrier. Union de deux artistes, toutefois, car au soir même du mariage, Pills chantait au cabaret new-yorkais La Vie en rose, et Édith Piaf au Versailles. Qui parle de nuit de noces ?

    Cette union dura quatre années et fut placée sous le signe de la gentillesse et de l'harmonie. Mais... le métier les appelait, bien évidemment, dans des directions opposées. Chanter sur deux scènes différentes le soir de leurs noces inscrit leur vie commune dans le nomadisme et, en bout de course, la rupture, qui se fera, dans leur cas, en douceur. Et de leur union, ils ne surent conserver que le meilleur. Édith Piaf en tirera cette conclusion :

> C'était trop beau pour durer. Le moment vint où nous dûmes convenir que, malgré nos efforts, il ne nous était plus possible de faire coïncider plus longtemps nos deux carrières. [...] Une première fois, nous dûmes jouer à plusieurs milliers de kilomètres l'un de l'autre, puis une seconde, puis une troisième... Une opérette l'appelait à Londres, alors que mes contrats me retenaient à New York. J'étais à Las Vegas. Ou à Paris.
>
> Nous n'avons pas voulu être les époux qui se disent bonjour en vol, d'un avion à l'autre, au milieu de l'Atlantique. [...] Mais nous ne pouvons regretter, ni lui, ni moi, d'avoir fait un bout de chemin ensemble[7]...

Il y aura eu dans l'intervalle un grand bonheur pour Édith Piaf, celui de jouer, une fois de plus, dans un film. Ce sera *Les Amants de demain,* de son ami Marcel Blistène, qui lui donne le rôle principal. Le film est tourné aux studios de Boulogne du 9 décembre 1957 au 8 janvier 1958, pour une sortie en 1959. Édith Piaf y joue le rôle d'une femme bafouée par son mari qui s'éprend d'un hôte de passage, en fait un célèbre chef d'orchestre qui vient de tuer sa femme et se réfugie dans cet hôtel de lointaine banlieue dont elle est la patronne. Mais le meurtrier est démasqué à la fin, et Édith Piaf, dans une scène dramatique opposant son mari (Armand Mestral) à ce fugitif (Michel Auclair) qu'elle aime, fait feu sur son mari et le tue, et le film s'achève sur la chanson leitmotiv du film : « Les amants de demain. » Histoire, donc, d'un amour impossible, série B mélo à souhait. Mais par bonheur, dans ce film dont la musique est de Marguerite Monnot, avec un orchestre dirigé par Robert Chauvigny, Piaf chante quatre chansons, celle du film, sur des paroles de Henri Contet, et trois autres avec pour paroliers ce dernier et Michel Rivgauche.

Celui-ci s'est rendu célèbre, et précieux aux yeux d'Édith Piaf, en adaptant pour elle une chanson péruvienne que Piaf avait rapportée de sa tournée nord-américaine au dernier trimestre 1956 et sud-américaine (Cuba, Argentine, Brésil), début 1957. Une valse d'Ángel Cabral, qu'elle avait entendue en Argentine et dont elle avait acheté les droits, et c'est Michel Rivgauche qui, au cours de l'été 1957, se charge d'inventer un texte français — tout différent de l'original, et que le parolier compose, sur les indications de Piaf, en s'inspirant seulement de la musique, une valse entêtante — et donne alors à Édith Piaf l'un de ses plus grands succès. Elle chante « La foule », l'histoire d'une brève rencontre, un homme, une femme, pressés par la foule qui se joignent, s'étreignent, s'aiment puis sont irrémédiablement séparés par cette même houle bruyante et enveloppante.

Cette chanson n'est-elle pas, une fois de plus, à l'image de la vie de la chanteuse ? Une rencontre due au hasard, un amour foudroyant, un couple qui s'aime à la hâte, à la sauvette, au milieu du monde et soudain ce monde — cette foule — les sépare : « Entraînée par la foule/qui s'élance/Et qui danse/Une folle farandole/Je suis emporté au loin[8]... » N'est-ce pas comme une allégorie de ce que vit et a vécu Édith Piaf, si l'on songe à tout ce qui l'empêcha d'aimer, tout ce qui brisa ce cercle de bonheur où elle rêvait de s'enfermer ? Adieu Leplée, Asso, Meurisse, Montand, Norbert, Henri, Jean-Louis, Marcel, Eddie, adieu Pousse et Girardin, adieu Pills, Félix, Jo et Charles, le galeriste André Schoeller, rencontré sur le plateau des *Amants de demain*, adieu tant d'autres, tous les autres… en cette « folle farandole » qu'est, fut et sera la vie de Piaf. Une dernière image se glisse dans cette chanson, inventée par Michel Rivgauche, certes, mais inspirée à l'évidence par le jeu de scène de la chanteuse : « Et je crie de douleur, de fureur et de rage, et je pleure… Et je crispe mes poings », c'est bien cela, Édith Piaf crispe ses poings dans un geste caractéristique qu'elle gardera au long de ses tours de chant, chaque fois qu'elle voudra exprimer sa révolte, sa rage, son impossible amour.

Édith Piaf chantera cette chanson — immense succès — en octobre 1957 et en fera l'un des clous de son tour de chant à l'Olympia le 6 février 1958, devant le tout-Paris et un parterre de stars, parmi lesquelles Michèle Morgan, Edwige Feuillère et Pierre Brasseur. Elle s'entichera alors de Rivgauche, qui la suivra partout, et notamment dans *Les Amants de demain*, qui présente le privilège d'avoir eu le grand Pierre Brasseur comme scénariste. Pierre était un vieil ami, depuis l'époque du Gerny's. Il aimait Édith Piaf mais ne fut pas son amant, et cette amitié, il l'exprime dans une lettre étonnante — une lettre-fleuve et truculente, avec toute l'emphase et la gesticulation de celui qui fut l'immortel Frederick Lemaître[*], cabot à souhait, à l'écran — où il définit, mieux que nul autre, le caractère particulier de la voix de Piaf :

[*] Dans *Les Enfants du paradis*, de Marcel Carné, 1945.

Chère Édith, je peux te dire... que tu représentes la môme ou plutôt la voix qui vendait dans mon enfance (*L'Intransigeant*, *La Presse*). Cette voix, je l'entends dans chacune de tes chansons. C'était la voix du môme sous les fenêtres de ma mère, puis de ma grand-mère, puis quand j'étais jeune homme. C'était mon vieux village parisien, je retrouvais les marchands de quatre-saisons — tout petit — qui vendaient des pommes de terre, des haricots verts ! Et toutes ces voix de la rue, merveilleuses...

Ta voix, ta voix. Celle des copains qui ont mal, des copines qu'on plaque ou celles qui nous foutent dehors, les petites mômes quoi, qui en ont marre de vivre avec des clous et des baisers dans un sac vide et un lit froid, notre jeunesse, qui n'était pas marrante.

Tu es tout ça et tu l'as été tout de suite lorsque je t'ai vue pour la première fois chez mon pote Leplée. Si je ne t'ai pas fait du gringue, c'est que je me suis dégonflé et qu'un corniaud de maître d'hôtel m'a dit « elle est accompagnée », sans ça je fonçais, et j'étais mignon dans ce temps-là. Ça se serait sûrement arrangé.

Enfin je me console en pensant que j'ai ton amitié, que je n'aurais peut-être plus, car ça vaut mieux que toutes les nuits d'amour[9].

Témoignage émouvant, indispensable pour qui veut approcher le mystère de cette voix et la grandeur de cette chanteuse. Et si l'on se demande d'où vient cet accent, cette *Idiss touch*, comme auraient dit les spectateurs new-yorkais du Versailles, la patte de Piaf, bref son fameux « r » grasseyé, raclé ou uvulaire — c'est-à-dire roulé sur la luette —, que nous avons tenté d'analyser, Pierre Brasseur nous l'éclaire, il vient de la rue, il est le pavé de Paris battu par la môme, la fille des rues, celle qui chantait aux carrefours, celle qui avait cette même gouaille que les camelots et les titis, ou les poulbots, les vendeuses ambulantes et les marchandes d'amour... Une voix au service des enfants de la misère et des passions dans les draps gris et les grands froids.

Le grand Jo au milieu de la route

La rencontre avec le grand Jo, en 1958, doit tout au hasard. Est-il des hasards heureux ? Mais oui, car Édith Piaf va cette fois connaître un grand moment de bonheur, qu'il lui faudra, hélas, payer par une sorte de fatalité, ou de méchanceté de la vie à son égard, d'un terrible accident de voiture, qui marquera douloureusement les dernières années de sa vie.

Mais qui est Jo ? Édith aimait décidément les hommes grands — c'est pourquoi, d'ailleurs, elle applaudirait au grand Charles (de Gaulle) le 13 mai 1958, alors même qu'elle allait s'effondrer d'épuisement sur une scène de Lille en chantant « Mon manège à moi », une chanson qui donne, véritablement, le vertige, et qu'elle mimait par de gracieuses virevoltes. Édith Piaf avait alors sous la main, ou disons plutôt sur son oreiller, en femme qui répugnait à dormir seule et qui rechercha, toute sa vie, une épaule secourable, un type, le plus grand qu'elle ait connu, et probablement le moins intéressant à ses yeux, Félix Marten, qui devait mesurer pas loin de deux mètres. Et Jo, que le guitariste Claude Crolla lui amène à son domicile du boulevard de

Lannes, est un peu plus grand qu'Yves Montand et un peu moins que le Félix en question : un mètre quatre-vingt-huit, avec une belle gueule de « pâtre grec », comme il le chantera, et moins juif et métèque d'aspect qu'il voudra bien le dire (le plus « typé » de ses hommes, à cet égard, restera Raymond Asso). Oui, c'est bien de Georges Moustaki qu'il s'agit. Il a vingt-quatre ans, il est poète, et Édith Piaf en a quarante-deux, mais l'âge ne fait rien à l'affaire. Le monde des artistes méconnaît ces normes d'une société bourgeoise et prudhommesque, elle méprise souverainement ce qu'on appelle « la différence d'âge ».

Giuseppe Mustacchi est né à Alexandrie en 1934, d'une famille juive grecque, qui a fui l'Égypte, comme tant d'autres, parce qu'ils n'y avaient plus leur place. Giuseppe parlait italien et l'on ne peut qu'être frappé par ce parcours qui l'apparente à Ivo Livi devenu Yves Montand. À Paris, ce jeune homme, alors âgé de dix-sept ans, a été barman, puis journaliste, et enfin compositeur et parolier, ce qui lui permet de rencontrer Brassens, pour qui il a une telle admiration qu'il s'approprie son prénom, et voilà comment naît Georges Moustaki. Autre rencontre primordiale, celle d'un certain Henri Crolla qui, en fait, se prénomme Enrico, lui aussi italien, mais qui a grandi parmi les manouches. On parlera de lui comme d'un Gitan napolitain. Il écrira d'ailleurs pour Yves Montand quelques belles chansons. Ce guitariste — virtuose à l'égal de son copain Django Reinhardt ou du violoniste Stéphane Grappelli — que Jacques Prévert, admirant sa virtuosité digitale, avait surnommé

« Millepattes » — s'est pris d'amitié pour ce grand garçon de Giuseppe et c'est lui qui, sans le prévenir, l'amène chez Édith Piaf, en avril 1958. Bien entendu, le contact n'est pas immédiat et le répertoire du judéo-égypto-italiano-grec, exaltant le soleil méditerranéen, ne lui convient absolument pas. C'est pourquoi, l'une des premières chansons qu'il écrira pour elle s'intitulera « Un étranger » et préludera au fameux titre « Le métèque » qui, en 1968, assoira la gloire de Moustaki. Édith Piaf enregistre « Un étranger » le 3 juillet 1958 ; Georges en a écrit les paroles et composé la musique, en collaboration avec Robert Chauvigny, qui est alors le chef d'orchestre attitré de Piaf. Comme toujours, c'est Piaf qui révèle au jeune musicien son propre talent et le conduit vers un répertoire qui est, certes, le sien — Moustaki est bien cet exilé « qu'on aime et qu'on méprise » —, mais le texte s'accordait encore mieux à cette écorchée vive qu'était l'éternelle Môme Piaf : « C'est un garçon qui traîne / Son âme en peine / Un étranger[1]... »

Édith Piaf savait comme nulle autre mettre l'accent sur ces mots qui la poignaient au cœur, « cet étranger » où elle traîne douloureusement sur la syllabe « tran » comme s'il s'agissait de traverser une frontière, et le mot « vivre » où elle roule quelque chose comme trois « r », avec ce raclement de gorge si particulier évoqué plus haut qui enchantait tellement, notamment les étrangers qui en étaient restés au « r » roulé, comme le pratiquaient encore Colette, les Bourguignons et les gens du Midi. Piaf, mieux que toute autre, a su l'introduire dans la chanson française. Il n'est que d'entendre Damia (« La rue de la Joie » n'est que succession de « r » roulés comme un battement de tambour) ou Luis Mariano qui, lui, avait forcément le roulement espagnol de ses origines, avec tout le charme qu'il savait y mettre.

Édith Piaf avait chanté, bien auparavant, en 1936, une autre chanson à ne pas confondre, intitulée « L'étranger », dans laquelle, sans doute l'inspiration de Moustaki aura puisé quelque peu, avec ce refrain si accordé :

Il avait un regard très doux
Il venait de je ne sais où.

D'où viens-tu ? Quel est ton nom ?
Le navire est ma maison.
La mer mon village.
Mon nom, nul ne le saura[2].

Moustaki était bien, à ses yeux, cet étranger qui vient et va, qui s'arrête et qui passe, avec un nom évidemment insolite. Leur liaison ne durera qu'un an, une belle passion et une grande flamme qui s'achèvera sur un autre coup de dés malheureux du hasard : un accident de la route. Mais auparavant, il y aura eu de belles chansons, et sans doute l'une des plus marquantes du répertoire de Piaf, « Milord ». Une chanson écrite dans la foulée de leur rencontre passionnée, en 1958 et enregistrée en 1959.

Il aura fallu une musique trépidante et cinglante pour faire sonner ces paroles comme un air de bastringue ou de foire qui ressemble à la vie, cette « foire aux vanités » : « Je vous connais, Milord, /

Vous ne m'avez jamais vue, / Je ne suis qu'une fille du port, / Qu'une ombre de la rue[3]. » Marguerite Monnot en composa deux versions, elle préférait la première ainsi qu'Édith Piaf, mais Georges imposa la seconde, qui est celle qu'on connaît, et Édith Piaf se rangea à son avis. Elle lui en fut même toujours reconnaissante, car cette chanson est devenue un tube, et l'un des plus célèbres de Piaf. Et malgré leur brouille, après leur rupture, Édith Piaf confiera plus tard à Charles Dumont :

> Il y aura toujours quelque chose qui me fera être indulgente à son égard, c'est le fait qu'il ait choisi la bonne musique de « Milord ». Ça, je ne l'oublierai jamais[4].

Ce qui nous apparaît comme évident, c'est que les paroliers d'Édith Piaf, qui ont servi sa légende, se sont appuyés aussi sur elle, sur ce qu'ils savaient d'elle, ou ce qu'elle leur disait d'elle, pour composer, renforcer, donner corps à leur composition. De là l'immense cohérence du répertoire de Piaf. Moustaki savait tout de la vie d'Édith Piaf, de son enfance malheureuse, de ses débuts, adolescente, comme chanteuse des rues, de ses amours avec des marins, des légionnaires, des amants de passage, de là qu'il ait eu ces trouvailles étonnantes : « une fille du port », « une ombre de la rue », cette dernière expression, par ailleurs, si pleine de poésie, suggérant si bien la prostituée qui se confond avec le mur sombre de son tapin, dans la nuit, et se détachant à l'approche du client. Certes, la prostitution d'Édith Gassion n'a pas été avérée, malgré sa fréquentation de marlous et de mauvais garçons, dans les années 1930, mais elle s'est véritablement identifiée aux filles des rues en devenant leur voix, leur chantre, et ses premières chansons sont pleines de ces filles tristement vouées au trottoir et se faisant avoir par leurs maquereaux, dominées, brutalisées, délaissées, plongeant dans le ruisseau. Comment ne pas penser alors à l'une des plus belles chansons de Piaf, « C'est à Hambourg, à Santiago, à White Chapel, ou Bornéo... », qui date de 1955 ? Une chanson écrite par Claude Delécluse, sur une musique de la toujours merveilleuse Marguerite Monnot, qui évoque tout à la fois la fille des rues et la fille des ports :

C'est à Hambourg ou bien ailleurs
Qu'à tous les gars en mal d'amour,
Qu'à tous les gars, depuis toujours,
Moi j'balance du rêve en plein cœur[5]...

Édith Piaf évoquait les « traînées » de tous les ports du monde, en appuyant, redisons-le, sur tous les « r » des mots à la rime. L'écrivain argentin Julio Cortázar, lorsqu'il habitait Paris et allait écouter Piaf, se pâmait devant son accent et la comparait aux meilleures chanteuses de jazz américain, à l'accent également très particulier, et qu'il admirait tant.

Moustaki connaissait assurément tout le répertoire d'Édith Piaf, et il a su, avec tout son talent, prolonger cette inspiration. Et puis il y a, dans cette chanson, ces deux vers de Moustaki qui n'ont pas manqué de marquer les auditeurs :

Quoi ? vous pleurez, Milord,
Ça je ne l'aurais jamais cru[6].

Tout en soulignant la tradition « misérabiliste » des paroles, Gilles Costaz n'hésite pas à qualifier Moustaki de « sous-Racine » en rapprochant ces deux vers du fameux « Vous êtes empereur, Seigneur, et vous pleurez », adressé par Titus à Bérénice dans la tragédie éponyme de Racine[7].

Quant aux relations entre Édith Piaf et Jo, elles seront brèves, fortes, passionnées, certes, mais limitées. D'abord parce que Moustaki est marié et père d'une fillette de quatre ans, prénommé Pia. C'est Édith Piaf qui s'est entichée de lui, de ce beau jeune Grec de vingt-quatre ans — étonnant précédent de l'autre beau Grec de vingt-six ans qu'elle épousera un an avant sa mort, Théo Sarapo. Moustaki, dont les sentiments trotskistes ne se sont jamais démentis, n'est pas à l'aise dans le milieu artistique de Piaf, avec ses mondanités, ces banquets nocturnes, ces sorties tapageuses — qui représentaient pour Piaf une vengeance sur son enfance misérable.

C'est néanmoins Piaf qui pousse ce parolier-musicien à devenir aussi interprète : sur la scène du Palm-Beach, un cabaret de Cannes, elle l'encourage enfin à chanter, en cet été 1958. Le succès est là, et si grand qu'Édith Piaf prévoit d'emmener à New York sa nouvelle révélation. Son contrat, qui débute le 17 septembre, stipule qu'elle se produise à l'Empire Room, le cabaret de l'hôtel Waldorf Astoria, où elle descend d'ordinaire, et après cela toute une tournée aux États-Unis. Mais nous sommes encore le 6 septembre 1958, et tout va s'effondrer comme un château de cartes.

La veille au soir, tout le monde a festoyé chez Maxim's, et il y a là le « filleul » d'Édith Piaf, Marcel Cerdan junior, qu'il faudra vite raccompagner le lendemain, 6 septembre 1958, à Orly où il doit regagner Casablanca. Tout le monde a peu dormi, et le lendemain matin, Jo prend le volant de la DS d'Édith Piaf, qui est assise près de lui, à cette place qu'on a toujours appelée « la place du mort ». À l'arrière, sont assis le jeune Marcel et la femme de chambre de la chanteuse, Christiane Guizo. La route est glissante, la visibilité difficile, un camion devant la DS tourne brusquement sur la gauche, Jo ne peut l'éviter, sa voiture dérape et vient s'encastrer sous le poids lourd. Le choc est épouvantable, mais seule Édith Piaf sera grièvement blessée. Si Jo et Christiane sont seulement commotionnés, et Marcel légèrement blessé, Édith Piaf, qui a eu le réflexe de mettre ses mains devant son visage, se retrouve avec deux tendons du bras sectionnés, la lèvre déchirée, une entaille au cuir chevelu. Elle est transportée à l'hôpital de Rambouillet et subit une anesthésie générale dont elle sortira handicapée. Sa lèvre recousue ne lui permettra pas de chanter de sitôt. De façon étonnante, le lieu de l'accident, sur la petite commune des Essarts-le-Roi, dans les Yvelines, s'appelle À la Grâce de Dieu !

Le 12 septembre, elle quitte l'hôpital pour la clinique Franklin-Roosevelt. Le contrat américain a été reporté. Mais en quittant la clinique, le 5 octobre, Moustaki qui est toujours — et malgré tout —

son chauffeur, traverse à nouveau ce lieu maudit, À la Grâce de Dieu : c'est alors qu'un pneu éclate, la voiture fait des embardées et s'immobilise au milieu de la chaussée. Par chance — relative — aucune voiture ne passe alors, mais l'accident a été frôlé de justesse et Édith Piaf déclare dans *France-Dimanche* : « J'ai failli me tuer une seconde fois sur la même route et au même endroit[8]. »

Et revoilà la vaillante Édith Piaf sur scène, non sans quelques difficultés. Parmi les séquelles de son accident, il y a eu cette lèvre fendue qui modifie son articulation. Qu'importe, elle prend quelques leçons de diction chez celui qu'on appelait avant guerre « le Chanteur de charme », Jean Lumière, remarquable professeur qui aura bientôt dans son écurie celle qu'on croira pouvoir succéder à Piaf après sa mort, Mireille Mathieu (il fut aussi le professeur de Gloria Lasso et de Marcel Amont). Édith Piaf se soumet patiemment à ses leçons réparatrices, car l'on sait, à l'écouter, que la diction de Piaf a toujours été parfaite, savamment étudiée, soignée, articulée, et, contrairement à tant de chanteurs actuels, elle prenait grand soin de marteler chaque mot, de faire entendre le son et le sens de chaque parole. Piaf était chanteuse et diseuse au plus haut point ; quand elle présentait ses chansons, sa voix était toujours bien posée et elle annonçait le titre, ou le contenu, sur un ton de confidence clairement exprimée et l'on comprend que le public du Versailles ou du Carnegie Hall ait fondu pour sa voix, lui décernant constamment de ferventes *standing ovations*.

Le dernier trimestre 1958 la revoit sur les routes, et pas seulement sur les routes de France — son premier concert de retour a lieu à Rouen —, mais aussi en Belgique et en Suisse, et même en Afrique du Nord, à Alger où elle se produit dans le plus grand cinéma, Le Majestic, avec ses quatre mille places — une salle qui, par parenthèse, avait abrité aussi un ring pour les fameux combats de boxe entre Cerdan et Kouidri, matches inoubliables ! Et c'est enfin, derechef, l'Amérique.

Le 6 janvier 1959, Édith Piaf embarque pour New York, emmenant avec elle, contraint et forcé, Georges Moustaki. Ce dernier ne la supporte plus ; enfin, ce qu'il ne supporte plus chez elle, c'est son goût irrépressible pour la boisson. Le grand Jo est sobre, il n'aime pas ces fêtes bruyantes dans lesquelles se complaît Piaf, toujours entourée d'une multitude d'amis ou de parasites, comme une cour d'amour bruyante et débraillée, et éclusant bouteille sur bouteille. Jo est fâché avec les mondanités et ces soirées de beuverie, et il est alors tout prêt de lâcher celle qui, néanmoins, l'a lancé comme compositeur et comme chanteur. Mais Loulou Barrier sait aussi que s'il la quittait maintenant, alors qu'elle va se relancer aux États-Unis, malgré ses déboires de santé, et confirmer sa gloire internationale, Édith Piaf serait abattue et renoncerait probablement à cette tournée, et à tout. Elle a un caractère entier. D'autres diront un sale caractère. Pendant qu'elle chante, Jo s'en va en vacances à Miami, écourtées, car quelques jours plus tard Édith Piaf fait une hémorragie interne et est transportée d'urgence au Presbyterian Medical Center de New York pour y être opérée après trois transfusions de sang. La fidèle Danielle Bonel, celle qui se définit comme « secrétaire, amie, confidente, maquilleuse, régisseur[9] » est à son chevet — elle ne le quittera plus jusqu'à la disparition de Piaf —, prodigue des soins et de la tendresse dont Piaf est avide. Et à partir de là, désormais, la carrière de la chanteuse sera un calvaire constant, entre tours de chant, syncopes et hôpitaux. Danielle Bonel témoigne :

> De répit en répit, elle poursuit son chemin. Elle tombe. Elle se relève. Elle chante encore et s'affaisse. Devant elle il y a un obstacle insurmontable. Quelque chose touche à sa fin. Elle ne connaît pas encore le dénouement. Elle donnera un coup de pouce au destin[10].

Le grand Jo revient tout aussitôt de Miami, mais c'est pour rentrer à Paris. La mauvaise santé d'Édith Piaf, ou son mauvais caractère, l'épuise. Elle ne gardera guère, par la suite, qu'une ou deux chansons de Moustaki, comme l'inépuisable « Milord », mais punira l'ingrat en l'effaçant de presque tout son répertoire. Mais lui, en revanche, parlera toujours d'elle avec respect, avec tendresse, donnant cette définition de la chanteuse et de la femme :

> Son art se nourrissait de son amour et son amour se nourrissait de son art, c'était ça son entité. Ce qu'elle attendait de l'amour, ce n'étaient pas des révélations érotiques. Piaf est une des personnes les plus pudiques que j'aie connues[11].

L'hospitalisation d'Édith Piaf, qui connaîtra une rechute et une nouvelle opération, va durer trois longs mois, sans compter les frais engagés par Loulou Barrier, au désespoir, qui tient la caisse. Finalement, une tournée au Canada en juin remet un peu à flots les finances désastreuses de la chanteuse et de son équipe. Entre-temps, elle s'est entichée d'un nouvel homme, le peintre américain Douglas Davis, qui voulait tellement réaliser un portrait de cette Édith Piaf tant admirée qu'il finit par partager sa chambre et son intimité, malgré son homosexualité.

Ce nouvel homme, comme le précédent, et comme par une sorte de fatalité, sera l'instrument d'un nouvel accident de voiture : elle a mis un soir le jeune Doug au défi de conduire nuitamment sa toute nouvelle voiture, une Chevrolet, pour prouver sa virilité : l'aventure finit en tête-à-queue. Édith Piaf a deux côtes cassées ; quant à Doug qui, comme le grand Jo, n'en peut plus, il s'en retourne à ses pinceaux. Par le plus grand des hasards, et une tragique coïncidence, succédant à Cerdan, il mourra le 3 juin 1962 dans un accident d'avion. Mais à cette date-là Édith Piaf sera entre les bras d'un autre jeune Grec, Théophanis Lamboukas, ce qui atténuera considérablement son traumatisme. Piaf s'ouvre à une autre vie. Entreprend une dernière tournée. Ou plutôt une avant-dernière, qui la fera rebondir presque miraculeusement, retrouver sa voix, la scène, son public. Charles Dumont en sera le magicien.

La dérive

Au tournant de sa vie tumultueuse, Piaf s'usa à d'interminables, d'épuisantes tournées dans toute la France, même dans les coins perdus — avec une avidité qui la conduisit hors de l'Hexagone, principalement en Belgique où elle comptait sur un public chaleureux qui l'aima toute sa vie, et aussi la Suisse, puis les États-Unis où elle acquit une immense popularité, avec de surcroît un cachet qui figurait parmi les plus hauts du music-hall — à l'égal de Sinatra et approchant celui de Bing Crosby, le crooner le mieux payé au monde. Elle parcourut le monde, toute l'Europe, l'Afrique du Nord, le Moyen-Orient et les deux Amériques. Des tournées qui la laissaient exsangue, car tout ce feu qu'elle mettait à chanter finissait par la consumer. Mais surtout, elle ne se remit jamais de l'accident de voiture avec le grand Jo et, à partir de là, la drogue se mêlant à l'alcool, commença sa dérive. Sa seule maladie véritable, c'étaient les rhumatismes articulaires, qui déformèrent peu à peu ses mains, et qui la faisaient tant souffrir qu'elle prenait, à haute dose, de la cortisone et des anti-inflammatoires à base de phénylbutazone — dont la butazolidine, qu'on allait retirer de la vente —, et dont les conséquences furent ces hémorragies intestinales qui la conduisirent à l'hôpital et la contraignirent à de multiples transfusions de sang. À partir de 1958, commença pour elle une lente et inéluctable descente aux enfers, avec de fréquents séjours à l'hôpital.

D'après celle qui l'accompagna pendant une grande partie de sa vie, Danielle Bonel, la chanteuse, qui traînait un complexe de culpabilité considérable — coupable d'être la fille de son père, coupable d'avoir eu des grands-mères peu recommandables, coupable d'avoir peu aidé ou malmené sa mère — qu'elle abandonnera dans sa tombe du cimetière de Thiais, au lieu de la « rapatrier » dans le caveau familial, qu'elle occupera en 1963 —, coupable de la mort de sa fille Marcelle, coupable aussi d'avoir entraîné Marcel Cerdan dans la mort en l'incitant à grands cris à prendre l'avion fatal des Açores —, Édith Piaf, donc, exagérait beaucoup sa propre décrépitude et les tares dont parlait tant la presse. Certes, elle aimait la vie et buvait parfois plus que de raison, mais elle semble en avoir rajouté sur l'aveu de sa dépendance à l'alcool. Elle s'accusait de tous les maux et des vices le plus souvent imaginaires, car elle était complaisante avec les journalistes de *France-Dimanche* et d'*Ici Paris*, et avec ceux qu'on appela les *paparazzi*, après que Federico Fellini en eut tracé le portrait, en 1960, dans *La Dolce Vita*. Elle sut, d'ailleurs, les utiliser à son profit, si l'on songe aux fameuses interviews de Jean Noli, grassement payées, où, en somme, elle lui en donnait, ainsi qu'à ses lecteurs et à son public, pour son argent.

L'argent, justement, filait entre les doigts de celle qui était née dans la misère et n'avait pas toujours mangé à sa faim. Désormais, le succès venant, la gloire même, elle serait la plus dispendieuse et la plus gaspilleuse des personnes, jetant, comme elle le dit elle-même, l'argent par les fenêtres, au grand désespoir de son imprésario, Loulou Barrier, celui qui dut organiser, parfois, au sortir de l'hôpital, comme à New York où l'hospitalisation fut ruineuse, des tournées de récupération de fonds. Et puis, Édith Piaf s'entourait d'une cour d'amis qui étaient, trop souvent, des parasites. Mais écoutons plutôt ce qu'elle en dit :

> Aujourd'hui on me voit célèbre, et on se dit : « Qu'est-ce qu'elle a dû gagner comme argent ! » Des millions, un milliard peut-être. C'est vrai. Mais cet argent, je l'ai jeté par les fenêtres. Pourquoi ? Parce que cela me fait plaisir d'être prodigue : je me venge.
> Je me venge d'avoir couché sur le trottoir, enfant. Les soirs de triomphe, je lance des éclats de rire énormes. C'est parce que je me souviens de ma jeunesse[1].

On admirera ici la lucidité de cette chanteuse surdouée, capable de s'analyser et d'expliquer sa névrose, ses débordements, son rire trop fort, ses excès de toute sorte, son goût pour la provocation — dont Momone rend compte, dans son *Piaf*, avec quelque complaisance. Piaf aura donc passé son existence de vedette à se venger de son enfance malheureuse et de sa misère. Et à mener une vie folle, toujours entourée de sa « cour d'amour », de parasites et de profiteurs, comme elle sait l'évoquer :

> Dans mon hôtel particulier de Boulogne, j'entretenais huit personnes à la fois. Mes amis couchaient sur des lits de camp, des matelas pneumatiques, sur des divans ou dans les fauteuils mis face à face. Mon salon ressemblait à un dortoir ! Il y avait des compositeurs, des paroliers, des chanteurs. On travaillait, on bavardait, on chahutait jusqu'à la naissance du jour et puis on allait se coucher[2].

Édith Piaf, qui s'étourdissait tant en fêtes, en soirées avec tous ses amis, dans une négation forcenée de sa solitude, en alcool et en drogue, n'avait, en fait, qu'une seule passion, une seule obsession, chanter, et c'est ce qu'elle fera jusqu'au bout : « Mes chansons, c'est moi, ma chair, mon sang, ma tête, mon cœur, mon âme[3]. » Et elle ne voit autour d'elle, dans la foule de ses amis ou de ses parasites, que des personnes capables de servir son art. Et, paradoxalement, en les poussant eux-mêmes sur la scène, comme si elle s'accomplissait encore à travers eux. C'est elle qui a fait monter sur les planches Moustaki, tout comme elle a encouragé à ses débuts son vieux copain Charles Aznavour, le plus dévoué de ses amis, le plus désintéressé aussi, l'admirable compositeur qui lui aura donné, entre autres, « Jezebel » et « Je hais les dimanches »… et aussi, incidemment, qui lui aura appris à danser la valse à l'envers !

Parmi cette foule, il faut faire une petite place à un garçon d'allure insignifiante, un ludion collé à ses basques depuis l'adolescence et qui va l'accompagner longtemps, pour le meilleur et pour le pire, en la précédant de peu dans la mort : Claude Figus.

Il hante toutes les coulisses de cabarets et lieux de musique de Paris, et le voilà, en 1958, à dix-sept ans, éperdument, follement amoureux d'Édith Piaf, qui a presque l'âge d'être sa mère, certes, mais ce jeune homme qui fréquente les milieux gays de Paris est amoureux de celle qu'il met sur un piédestal, justement comme il le ferait d'une mère vénérée. Jeune homme drôle et friand de toutes les audaces — il aura celle de se suicider quelques mois avant la mort de Piaf —, il a l'heur de lui plaire, elle aime sa compagnie de grand gosse bouffon. Il ira jusqu'à provoquer l'État et l'amour sacré de la patrie en faisant frire un œuf sur la flamme du soldat inconnu à l'arc de Triomphe, ce qui lui vaudra prison et amende. Il sera, aussi, le pourvoyeur dévoué et maléfique de cette morphine dont Édith Piaf ne pourra plus se passer. Il ira même jusqu'à parier qu'il couchera pour de bon avec cette femme adorée, et on le découvrira un matin dans le lit d'Édith Piaf qu'il aura préalablement droguée jusqu'à l'inconscience totale. Sans qu'on sache vraiment ce qui aura pu se passer. Mais ce jeune homme, capable du pire, aura quand même apporté son ultime grande joie à Piaf en lui présentant un soir un grand garçon beau comme un dieu, rencontré dans les milieux gays de Saint-Germain, et qui deviendra Théo Sarapo. Charles Dumont, qui n'avait guère d'estime pour Figus, qui avait profité de son absence temporaire aux côtés d'Édith Piaf pour présenter à cette dernière un jeune homme « âgé de vingt-six ans, particulièrement beau et très gentil » avec « son physique d'éphèbe », nous laisse ce portrait décapant et peu amène de l'entremetteur :

> C'était un courtisan qui aurait fait n'importe quoi pour elle, mais dans le n'importe quoi il y a toujours le pire... À sa façon il l'aimait, même s'il y avait quelque chose de néfaste dans ce dévouement... En apparence cette dévotion est évidemment touchante, mais elle possède son revers. Assurément, il n'aurait pas hésité à fabriquer de la fausse monnaie pour Édith Piaf, sachant qu'il en bénéficierait également[4].

Comme tous les autres, encouragé par Piaf, Claude Figus finira sur les planches, en se produisant chez Lady Patachou, sur la butte Montmartre, en février 1961. Il en sortira un disque, son premier 45 tours avec quatre chansons et une présentation de son ami Charles Trenet, avec en illustration un portrait du chanteur par Douglas Davis (qui nous laissera les portraits de Piaf, de Figus et de Sarapo). Ce disque, Figus le déposera dans la boîte aux lettres d'Édith Piaf, boulevard Lannes, pour se faire pardonner une de leurs nombreuses brouilles. L'une de ses chansons est un aveu touchant de son amour, son impossible amour, dont il parle au passé, lui qui, finalement, quittera ce monde en catimini :

À t'aimer comme un fou
Sans chercher à comprendre
Envers et contre tout
Sans rien vouloir entendre
J'avais fait de ta voix
Mon premier paradis.
Je t'aime comme un chien
Peut adorer son maître[5].

Cette pièce est à verser au dossier de la gloire et du rayonnement d'Édith Piaf. Qui ne pouvait l'aimer, l'adorer, la mettre sur un piédestal, la déifier ? L'année suivante, en 1962, Figus publie un second disque, intitulé significativement *Quand l'amour est fini* et Édith Piaf, qui est en quelque sorte sa marraine, écrira ce texte touchant publié sur la pochette :

> Claude Figus était amoureux de la chanson mais la chanson ne l'était pas de lui. On dit que l'amour appelle l'amour, à son tour la chanson est devenue amoureuse de Claude Figus. S'il lui reste fidèle alors il est probable qu'ils finiront leurs jours ensemble et qu'ils vivront un grand amour !

Ce grand amour, il ne le vivra pas. Moins d'un an après, il se suicidera.

Non, rien de rien

Le 5 octobre 1960 à dix-sept heures, au 67 bis boulevard Lannes à Paris, un jeune compositeur se présente chez Édith Piaf, après deux autres rendez-vous manqués où il fut proprement éconduit. Cette fois, la chanteuse veut bien écouter son « truc », et un certain Charles Dumont va lui interpréter un petit air de rien du tout apparemment, tant les paroles sont simples — mais peut-être, pour cela même, efficaces : « Non, rien de rien, non, je ne regrette rien. » Qui deviendra l'un des plus grands tubes de Piaf.

Avant l'aventure de cette chanson et sa longue collaboration avec Charles Dumont, Piaf est malade, elle s'abandonne à cette dérive que nous venons d'évoquer. Elle se faisait une joie de réveillonner avec sa chère et fidèle Marguerite Monnot (qui va être bientôt supplantée par Dumont comme compositeur exclusif). Mais ce soir du 24 décembre 1959, la douleur lui déchire le ventre : un ictère par hépatite virale la conduit à l'hôpital Américain de Neuilly, où elle reste trois semaines, annulant tous ses concerts. En fait, elle annulera tout sur une année, y compris un passage à l'Olympia prévu en février 1960, au grand dam de Bruno Coquatrix. Elle retournera à l'hôpital en juillet pour une hépatite scléreuse, ainsi nommée par le professeur Mercadier, qui semble ne plus donner cher de la peau de sa patiente. Cette longue succession de maux, qui entraîne forcément le long silence de la chanteuse, suscitera la manifestation de précieux soutiens, dont celui-ci, fort émouvant, de Pierre Dac :

> Les mots n'étant que des mots, je m'abstiendrai de toute banale formule, mais sachez que mon cœur et ma pensée, formés à l'école de la souffrance, sont auprès de vous dans le rude combat que vous soutenez[1].

Bien entendu, son vieux copain Jean Cocteau, le « prince des poètes », ne manquera pas non plus de lui écrire pour la requinquer :

> Soigne-toi — tu es la plus forte et dans la jungle parisienne le feu de ton cœur éloigne les serpents et empêche les fauves de t'approcher[2].

Et Pierre Brasseur sera aussi de la partie, car les vrais amis sont toujours auprès d'Édith Piaf quand elle a besoin d'eux. Et cet immense acteur, qui est aussi un écrivain prodigieux, trouve les mots les plus bouleversants qu'un homme puisse écrire à une vieille amie malade :

> Je n'aime pas déranger la souffrance, c'est une compagne si exigeante et si secrète, presque passionnante, comme la Muse du malheur. Mais il faut lui parler de temps en temps, pour cela

il faut du calme, enfin tu lui as fait comprendre que tu préférais vivre avec des tourments plus hauts que ceux qui ne font que du mal au corps. Faire mal à la viande, c'est malin — un vulgaire tueur sait faire cela, voilà pourquoi il faut la dédaigner cette « souffrance » et l'oublier, elle est trop orgueilleuse — et crie-lui à la gueule : « dégommez mon cœur, ça serait plus difficile, idiote ». Ça c'est du solide, pas de danger. Ta tête et ton cœur, je leur fais confiance et je les embrasse tous les deux. Je ne te dis pas « courage », je te dis « debout » belle petite sauvage et en route pour la belle vie et le beau travail[3].

Car, en effet, sa convalescence dans la propriété de son imprésario Loulou Barrier, à Richebourg, dans les Yvelines (où l'on trouve aujourd'hui un centre culturel baptisé « Salle Édith-Piaf »), se passe très mal ; elle est prise de diarrhées intenses, dont seul vient à bout un chiropracteur de génie, Lucien Vaimber, un guérisseur à l'ancienne qui sera alors son gourou, qui la soigne par manipulation des vertèbres, certes, mais aussi par des plantes et des infusions qui viendront à bout de sa dysenterie. Et c'est quand elle retrouve enfin son appartement à Paris que se situe la rencontre, capitale, avec Charles Dumont.

Ce jeune homme, né en 1929, a alors trente et un ans. Il est monté de Toulouse pour faire carrière, car la musique est sa passion. Trompettiste d'abord, pianiste et compositeur ensuite. Jusqu'en 1960, il compose des chansons pour Dalida, qui fait ses débuts, Gloria Lasso, Tino Rossi et Luis Mariano. Avec Michel Vaucaire (époux de Cora), son parolier, il compose « Non, je ne regrette rien », chanson qui va attendre quatre ans avant d'être présentée à Piaf, en 1960. Celle-ci n'est pas bien disposée, au départ, elle a déjà refusé par trois fois ce rendez-vous, mais finalement, les deux hommes étant devant sa porte, elle consent à les recevoir. Mais c'est d'abord une douche froide qui les attend lorsque Danielle Bonel leur barre l'entrée : « Que faites-vous ici ? Je tente de vous joindre en vain depuis hier soir et, ce matin, je vous ai adressé un pneumatique. Édith Piaf est souffrante, elle ne peut vous recevoir[4]. » Par chance, Charles Dumont ne trouvera ce pneu qu'au retour à son domicile, tard dans la nuit, car s'il l'avait lu avant son départ, il aurait assurément tout annulé, et donc rien ne serait advenu. En attendant, voilà dans un premier temps les deux compères, penauds et marris, proprement éconduits. Mais une voix surgit alors du fond du couloir, une voix ferme qui n'est miraculeusement plus celle d'une malade : « Puisqu'ils sont là, Danielle, laisse-les entrer[5] », et le miracle a lieu. Le portrait d'Édith Piaf que nous laisse alors Charles Dumont est empreint d'une grande émotion :

[E]lle apparaît. Enfin. Elle marche à petits pas. Une impression bizarre, singulière et presque déconcertante se dégage aussitôt. Elle semble si frêle dans sa robe de chambre en satin bleu pâle et les mules roses qu'elle porte lui font presque des pieds d'enfant[6].

Cette tendresse qu'il ressent alors pour Édith Piaf, si fragile et si maigre — on le voit sur les photos —, au sortir d'une année de maladie et de mal-être, Charles Dumont la conservera toujours pour celle qui a fait sa gloire.

Nous sommes donc dans ce bel et grand appartement — trois cents mètres carrés — modestement meublé, le piano noir trônant au milieu du salon. Charles Dumont, qui a un caractère coléreux, est sûr de sa défaite, après qu'Édith Piaf lui a demandé de jouer vite son « truc », comme pour expédier un fâcheux ; alors il s'installe et plaque ses accords, frappant comme un sourd, excédé, déjà au bord du désespoir ; et comme il n'est pas encore l'interprète qu'il deviendra peu après, à l'incitation de Piaf, il n'ose donner de la voix, il n'a d'ailleurs pas de voix, plus de voix, tant il est ému, impressionné et déjà presque vaincu ; alors il se met à réciter, plus qu'à chanter : « Non, je ne regrette rien... » On sait que la chanson débute par des accords un-deux-deux-deux, plaqués et uniformes, avant que la voix ne s'élève sur ce mot également rude et bref : « non », pour asséner et répéter en fin de vers « rien ». Édith Piaf, aussitôt saisie par la force de cette chanson martelée et ces syllabes brèves et réitérées, ces monosyllabes agressifs — « non-rien-non-rien » —, a le coup de foudre, la voilà transfigurée, sa fatigue envolée, sa maladie effacée, elle est sur pattes, elle est guérie. Comme l'en adjurait son ami Brasseur, la voilà « debout » ! Et toute la nuit elle va faire répéter à Dumont, encore et toujours, sa chanson. Mais dès la fin de la première interprétation, elle a changé d'attitude, de visage, de ton, le bronze cédant la place au velours :

[J]eune homme, ne vous faites pas de mauvais sang. C'est avec cette chanson que je vais revenir sur scène. Non, je ne regrette rien fera le tour du monde et vous suivra toute votre vie[7].

Quelque chose de magique dans cette chanson reflète parfaitement l'état d'esprit de Piaf, alors qu'elle a été composée bien avant qu'elle ait évoqué dans la presse ses problèmes de santé, ses errements et ses erreurs. Par ailleurs, la musique, qui martèle sans cesse ce refrain à deux temps, comme un roulement incessant, dit bien la détermination de celle qui avoue ne rien regretter de tout ce qu'a été sa vie, malgré les coups reçus, les cabbales contre elle et les trahisons, et vouloir recommencer comme si de rien n'était :

Non ! Rien de rien
Non ! Je ne regrette rien
C'est payé, balayé, oublié
Je me fous du passé !

Le refrain, par quoi s'engage la chanson, est répété deux fois, les deux premiers vers pareillement, mais les deux derniers modifiés, sur le ton du désenchantement, et cette expression « je me fous » rappelle les « j'm'en fous » des chansons antérieures. Puis viennent les deux strophes narratives, sur une musique en forme de ritournelle beaucoup plus douce :

Balayées les amours
Et tous leurs trémolos
Balayés pour toujours
Je repars à zéro[8].

L'expression « repartir à zéro » est très forte et correspond si bien à l'état d'esprit d'Édith Piaf qu'après un an d'immobilité et de souffrances, elle s'empresse d'alerter Bruno Coquatrix, le directeur du music-hall au bord de la faillite, et de retenir l'Olympia, la plus grande salle de Paris avec ses deux mille quatre cents places, pour son prochain tour de chant. Puis reviennent les deux strophes de refrain, la première reprenant textuellement le début de la chanson, la seconde, selon le même procédé initial, modifiant les deux derniers vers, avec cette conclusion étonnante, passant à la deuxième personne et à l'interpellation, qui dit clairement que Piaf a trouvé un nouvel homme, quelqu'un qui va la faire rebondir, quelqu'un qu'elle va, peut-être, aimer :

Non ! Rien de rien
Non ! Je ne regrette rien
Car ma vie, car mes joies
Aujourd'hui, ça commence avec toi !

Et si l'on avait quelque doute sur l'identité de ce « toi », Édith Piaf lève toute ambiguïté en composant elle-même les paroles de la chanson qui suit, mise en musique par Dumont, et qui est un aveu des plus clairs, tout en confirmant qu'en effet, elle repart à zéro :

T'es l'homme qu'il me faut.
T'en fais jamais trop.
J'ai eu beau chercher,
Je n'ai rien trouvé[9].

Chanson qu'Édith Piaf interprétait avec tendresse et décontraction, sur un ton bien différent de la précédente, qu'elle chantait d'abord en plaquant ses mains sur sa robe, contre ses hanches, selon une attitude habituelle, mais ensuite en serrant les poings qu'elle levait à hauteur de visage. Oui, ce grand Charles la fait fondre. Il est celui qui lui permet de prendre, une fois de plus, sa vengeance sur la vie. D'autant qu'il lui donne presque aussitôt un autre de ses plus grands succès :

Mon Dieu ! Mon Dieu ! Mon Dieu !
Laissez-le-moi
Encore un peu,
Mon amoureux[10] !

Édith Piaf aimait tellement prier, dire « mon Dieu », elle qui ne fréquentait pas trop les églises, mais avait la foi chevillée au corps, au point de faire sa prière au pied de son lit, avant de s'endormir, ainsi qu'en témoigne Danielle Bonel, et n'entrait jamais en scène sans baiser la croix que lui avait offerte Marlene Dietrich. Alors son « Mon Dieu », elle le chante, elle le scande les mains ouvertes, dans l'attitude du croyant qui lève ses paumes vers le ciel et les ramène à lui, doigts écartés, et c'était, sur sa poitrine noire, comme deux grands papillons qui évoquaient cet espoir, la durée d'un amour, limité, certes, mais accueilli comme un don du Seigneur :

Mon Dieu ! Oh oui... mon Dieu !
Laissez-le-moi

Remplir un peu
Ma vie…

C'est peut-être dans cette chanson qu'elle donne toute sa mesure et laisse éclater toute son émotion. Édith Piaf a quarante-quatre ans lorsqu'elle interprète cet air, mais son corps est usé, ses cheveux sont plus rares, ses mains plus nouées, ou déformées, une immense pâleur est dans son visage, elle sait que le temps lui est compté plus que pour aucune autre, elle qui clame : « Le temps de commencer ou de finir, / le temps d'illuminer ou de souffrir », et pourtant, les mains jointes, elle est encore comme cette enfant qui avait appris à prier le Bon Dieu dans la maison galante de sa grand-mère près de Lisieux, dans le voisinage de la sainte, ou qui avait traîné son Jacques Pills de mari jusqu'à Lourdes, en pèlerinage. Oui, elle est pénétrée de foi et d'une espèce de candeur, ou d'innocence, avec juste cette lucidité finale qui lui fait dire, dans l'aigu, jeté comme un cri, bouche ouverte sur cet « o » de « encore » que prolonge le « r » qu'elle ne grasseyait plus, car ce n'est plus alors que le prolongement d'une plainte haut dressée :

Mon Dieu ! Mon Dieu ! Mon Dieu !
Même si j'ai tort,
Laissez-le-moi
Un peu…
Même si j'ai tort,
Laissez-le-moi
Encore…

Et c'est le triomphe à l'Olympia le 2 janvier 1961, où le tout-Paris accourt, avec sa foule de vedettes et de célébrités, de Michèle Morgan à Romy Schneider, de Jean-Paul Belmondo à Alain Delon.

La liaison d'Édith Piaf avec Charles Dumont va durer un an, et le compositeur écrira une quarantaine de chansons pour cette femme qu'il aime... d'amitié. Étaient-ils amants ? Tout porte à le croire, et d'abord cette grande complicité entre eux, qu'on apprécie encore mieux lorsqu'ils chantent ensemble cet autre tube, « Les amants » : « Quand les amants entendront cette chanson / C'est sûr, ma belle, c'est sûr qu'ils pleureront[11]... »

Cette belle chanson, écrite par Édith Piaf — et n'est-ce pas un aveu ? — est, en fait, chantée, d'une belle voix mâle et tremblante, par Charles, avec une émotion qui, à l'instar d'Édith Piaf, lui fait grasseyer les « r » — notamment dans « entendront », où le « r » roulé et grasseyé est amorcé par la consonne dentale « d », et « croyons » où le « r » est pareillement lancé par la consonne occlusive « c », ce qui est extrêmement audible et vérifiable par le disque. Avec beaucoup d'expressivité dramatique, ce très bel air est donc chanté entièrement par Dumont, mais accompagné par Édith Piaf qui souligne ses paroles, d'abord en donnant de la voix sans paroles, puis en scandant « je t'aime tant... on s'aime tant... » Oui, ils se sont aimés, mais Charles a toujours nié qu'ils aient été amants. Et d'ailleurs qu'importe ? Il affirme que leur amitié ou leur amour — chaste — n'est pas allé plus loin, et il l'exprime, au lendemain de cette rencontre capitale :

> Si elle avait été une femme très désirable, peut-être qu'à ce moment notre amitié aurait pu évoluer vers une nouvelle relation, et nous aurions sans doute terminé la soirée en devenant un peu plus que ce que nous étions, même si ce que nous étions était déjà très fort[12].

Le fait est qu'un an durant, Charles sera régulièrement chez ou avec Édith Piaf, à partir de dix-sept heures — qui est généralement l'heure où la chanteuse est réveillée et présentable — et, souvent, jusqu'au petit matin. Dans son beau livre de Mémoires, intitulé *Non, je ne regrette toujours rien*, Charles Dumont a cette formule brève et émouvante : « J'étais un ami qui l'aimait[13]. »

Mais ces tripes dont Piaf nourrit son chant et ce concert si bouleversant de 1961 se rappellent à son bon, ou plutôt à son mauvais souvenir. En mai, elle doit retourner à l'hôpital dans un état jugé alarmant, les intestins noués avec un risque fatal d'occlusion intestinale. Elle croit qu'elle va mourir et fait même son testament, elle embrasse ceux qu'elle aime — Charles Dumont, Loulou Barrier... — et va à l'anesthésie comme on marche au supplice. Contre toute attente, elle s'en sortira encore une fois, avec une longue convalescence et des soins contraignants, dont une cure de sommeil. Elle prend beaucoup de morphine et ne se passera plus jamais de sa drogue. Elle ne rechante qu'en janvier 1962, en enregistrant un disque en studio : « Toi, tu l'entends pas » :

Toi, tu n'entends pas
Ce vacarme
Qui s'acharne
Tout au fond de moi.
Il m'envahit corps et âme
Mais toi, tu ne l'entends pas[14].

Ce « vacarme », que met en musique Dumont, est-il dans le cœur de Piaf ou dans le sien ? C'est bien là, en effet, qu'intervient encore une brouille : Charles Dumont veut l'emmener à la montagne pour qu'elle profite du bon air et se refasse une santé, mais Édith Piaf n'a pas le goût du grand air et des sports d'hiver. Excédé, Dumont partira seul et aura l'amère surprise, à son retour, de trouver la place prise. Son rival, son successeur, sera Théophanis Lamboukas, introduit par Claude Figus que Dumont qualifie d'« âme damnée de Piaf[15] ». Tout change alors. L'appartement du boulevard Lannes, où Dumont n'a plus ses entrées, est entièrement transformé pour plaire à Théo. Édith Piaf, on le sait, ne regardait jamais à la dépense. D'ailleurs, Dumont confie qu'Édith Piaf lui avait offert une belle voiture pour prix de ses services. Mais elle lui fera un cadeau plus précieux, bien sûr, qui est cette belle amitié, telle qu'elle s'exprime dans la touchante dédicace que lui écrira Édith Piaf, au lendemain de sa dernière à l'Olympia :

À toi, Charles, pour te remercier des merveilleuses chansons que tu m'as données. Elles m'ont permis de garder l'amour du public et ont fait du 29 décembre 1962 le plus beau jour de ma carrière[16].

Sarapo, je t'aime !

C'est Édith Piaf qui va baptiser « Sarapo » ce grand garçon aux boucles brunes qu'est Théophanis Lamboukas, en se souvenant de la phrase que lui répétait son premier amour grec, si éphémère, l'acteur Takis Ménélas qu'elle avait connu lors de sa tournée en Grèce en 1946 : *Sarapo*, « je t'aime ». Alors rien de plus simple pour Édith Piaf que de raccourcir le prénom du jeune homme et de substituer à ce Lamboukas quelle juge peu euphonique, un « Sarapo » qui est si parlant à ses oreilles. Le Pygmalion qu'a toujours été Piaf entreprend ici son dernier ouvrage, sculpte son ultime statue, qu'elle va aimer d'un amour fou, d'un dernier feu.

Claude Figus, « âme damnée » de Piaf, dans son amour impossible pour la chanteuse, lui présente un soir un garçon de vingt-six ans, qui habite en banlieue et travaille avec ses parents dans un salon de coiffure à La Frette-sur-Seine. Figus a rencontré Théo dans une boîte de Saint-Germain et ils se sont pris d'amitié. Et voilà qu'une nuit, celle du 26 janvier 1962, alors qu'Édith Piaf rentre de la séance aux studios de Pathé-Marconi où elle vient d'enregistrer

« Toi, tu l'entends pas », Figus l'appelle pour lui demander s'il peut venir et amener avec lui un ami banlieusard qui vient de louper son train. Comme souvent chez Piaf la nuit se prolonge jusqu'au matin au boulevard Lannes et Théo, assis dans un coin du salon, muet et fasciné par ce nouveau monde qu'il ne connaît pas, tombe aussitôt sous le charme de cette femme de quarante-six ans, vieillie avant l'âge et toujours très fatiguée. On sait qu'il manifestait une immense émotion lorsqu'il passait ses disques sur son Teppaz, en Algérie, où l'avaient appelé ses obligations militaires. Ils se revoient donc souvent, semble-t-il, et assistent ensemble à la première de Figus au cabaret de Lady Patachou. Là-dessus, Édith Piaf prend froid et, dans son état de santé, le moindre accroc prend des proportions démesurées : elle est hospitalisée pour insuffisance respiratoire — en fait, un œdème au poumon — dans une clinique de Neuilly, du 2 au 16 mars, deux semaines donc de soins, et son visiteur le plus assidu est justement Théo, qui fait presque figure de garde-malade. C'est là que la cristallisation chère à Stendhal opère et que le lien amoureux se tisse. Claude Figus, véritable factotum de Piaf, lui amène aussi un jeune accordéoniste niçois, promis à une brillante carrière, Francis Lai — il composera en 1966 la musique d'*Un homme et une femme*, le célébrissime film de Claude Lelouch. Finalement, la chambre de la clinique Hartman est des plus bruyantes et festives, au grand dam des infirmières et des malades, soumis à ce joyeux tintamarre. Lorsque Édith Piaf la quitte, elle n'a plus qu'une idée, c'est de retrouver son rôle de Pygmalion et de faire monter le grand et beau Théo, qui la trouble tant, sur les planches. Elle commence par lui trouver un nom de scène, avec la même application que Louis Leplée envers elle — juste retour des choses —, et c'est cette magnifique trouvaille de Théo Sarapo. Elle lui prodigue des conseils, comme elle l'avait fait avec Yves Montand — lui aussi, avait été garçon-coiffeur — dans le salon de sa sœur à Marseille. Elle le fait débuter comme chanteur, le 29 mai 1962 au cabaret de la Butte, chez Patachou. Puis le 15, à l'Empire de Reims, Piaf remonte sur les planches en faisant passer, en première partie, ses deux jeunes amis, Claude Figus et Théo Sarapo. Vaille que vaille, Piaf entame une tournée, et le public est ému d'entendre chanter — avec encore une belle voix et beaucoup de courage — cette femme visiblement souffrante, et presque à bout de forces.

Charles Dumont est donc sorti de la vie d'Édith Piaf. En fait, leur répertoire commun est entamé. Adieu « Les amants », mais après avoir fait sa mauvaise tête, Édith Piaf, qui supprime de son tour de chant la contribution de Charles Dumont — tout comme elle avait banni, un temps, de son répertoire les chansons de Moustaki après leur séparation —, chante à nouveau, pour ses derniers récitals, la chanson « Non, je ne regrette rien », toujours ovationnée par le public. Elle l'enregistrera même en allemand : « *Nein, es tut nichts* » (en mai 1961). Avec un petit accent, mais Édith prononce assez bien l'allemand dont elle dit que c'est une langue romantique et violente, et qui correspond finalement assez bien à son tempérament.

En fait, plus la chanteuse s'affaiblit et se produit avec un corps à bout de souffle — si ce n'est que la voix reste encore là, malgré quelques insuffisances —, plus cette chanson touche le public, qui y voit une revendication courageuse, l'expression d'un désir de vivre, malgré tout, et de lutter jusqu'au bout, comme en témoigne son mariage avec Théophanis Lamboukas. Ce mariage va aussi de pair pour le jeune homme avec le début d'une carrière — qui restera très brève, puisqu'il mourra en 1970, sept ans après Piaf, dans un terrible accident de voiture. Il fut donc, par la grâce de Piaf, chanteur et même comédien — il jouera dans *Judex*, de Georges Franju, en 1963, et dans *Un condé,* d'Yves Boisset en 1970.

Pour ce couple, qui surprend tellement l'opinion publique, du fait de la différence d'âge — vingt et un ans séparent Édith Piaf de Théo Sarapo —, un auteur-compositeur surdoué écrira une chanson emblématique, qui nous apparaît aussi comme le testament de la chanteuse. Michel Emer, qui leur offre sur un plateau le dernier succès d'Édith Piaf, « À quoi ça sert l'amour », n'est pas un inconnu, si l'on se souvient du caporal qui lui donna, en 1940, « L'accordéoniste », une chanson qui allait comme un gant à la Môme Piaf et à son répertoire d'alors, fait de filles de joie, de ports et de rues :

La fille de joie est belle
Au coin de la rue là-bas

Elle a une clientèle
Qui lui remplit son bas[1].

Michel Emer, qui a écrit pour Piaf une vingtaine de chansons, avec toute son âme juive slave — il est né à Saint-Pétersbourg en 1906 —, ce qu'elle se plaisait à souligner, écrit donc cette chanson testamentaire, qui entend aussi répondre à la rumeur publique qui, déjà, se répandait en ignominies en traitant Théo Sarapo de « gigolo grec ». Mais cet amour entre Édith Piaf et Théo Sarapo, bien réel, est l'ultime bonheur de la chanteuse, qui la rachète de tant de malheurs et de misères. Charles Dumont, alors que cet amour l'évince définitivement, a la noblesse d'en mesurer la belle dimension :

> Là où certains voient une histoire sale, je vois, moi, une histoire extraordinaire. Théo a été pour Édith ce qu'elle a cherché toute sa vie : un homme jeune, beau et aimant. Il lui a offert une chose extraordinaire : la force de vivre et la chance d'accéder, à tort ou à raison, à un rêve... Je dis « Vive Théo Sarapo ! »... Il lui a donné le dernier ciel bleu et un avant-goût du paradis[2].

Ce que Michel Emer traduit ainsi :

L'amour ça sert à quoi ?
À nous donner de la joie
Avec des larmes aux yeux...
C'est triste et merveilleux[3].

Cette chanson est la mise en scène dramatique — une mise en scène orchestrée, une fois de plus, par Édith Piaf elle-même —, par un jeu de questions et réponses, de ce couple jugé peu apparié. Entre Théo Sarapo et Édith Piaf, il n'y a place que pour l'amour. Et l'on sait qu'après la mort de la chanteuse, Théo chantera pour elle, pour sa mémoire, certes, mais aussi pour payer les dettes qu'elle aura laissées. Triste destin pour quelqu'un qu'on traita de « gigolo ». Mais pour l'heure, le rêve de bonheur envahit la salle et Édith Piaf, qui semble si frêle et si menue à côté de son grand jeune homme de mari, qu'elle tient par la main — ou plutôt, inversement, c'est le grand garçon qui tient la main à sa toute petite épouse —, délivre son testament :

À chaque fois j'y crois !
Et j'y croirai toujours...
Ça sert à ça, l'amour !
Mais toi, t'es le dernier !
Mais toi, t'es le premier !

« Avec toi je suis bien », martèle la voix rauque, rocailleuse, d'Édith Piaf, qui sait qu'elle est désormais à bout de souffle. Mais la voilà campée sur le devant de la scène et qui interpelle son public : « Ai-je le droit d'aimer ? » Et ce public qui l'aimait répondait à cette femme si faible, si usée, si digne de pitié : « Oui, Édith, tu en as le droit », et elle de clamer alors, de toute la force retrouvée de ses poumons :

Jamais rien ni personne
M'empêchera d'aimer...
De t'aimer...
D'être aimée... d'être aimée[4]...

Et dans la reprise du refrain, « jamais rien ni personne », Édith Piaf serrait les poings, « m'empêchera d'aimer », et les secouait devant le micro, comme un dernier défi lancé « à la face des hommes », bravant « leurs lois », comme elle l'avait toujours fait, depuis cette adolescence dans les rues où elle trompait la vigilance des gardiens de la paix pour chanter sur le pavé et ramasser quelques pièces.

Le mariage a lieu à la cathédrale orthodoxe de la rue Georges-Bizet, dans le XVIe arrondissement, le 9 octobre 1962. Claude Figus est le témoin de son ami Théo, celui d'Édith Piaf est son fidèle imprésario, Louis Barrier. Cependant, ce mariage faillit bien ne pas avoir lieu du fait des hésitations de dernière heure de Piaf, éclaboussée par la rumeur publique et habitée par ses propres scrupules. La foule est là pour applaudir, la presse pour rapporter l'événement. Le lendemain, les deux époux retrouvaient la scène de l'Olympia et faisaient un triomphe à la chanson de Michel Emer.

Mais Édith Piaf est toujours malade, plus que jamais, et en guise de voyage de noces, elle se retrouve, une fois de plus, à l'hôpital, où l'on essaie, encore et toujours, de rétablir un volume acceptable de globules rouges. À l'automne 1962, elle repart courageusement en tournée en Belgique, où elle a aussi un public fidèle et aimant. En octobre à Bruxelles, puis sur tout le territoire belge, on la retrouve à Lyon en décembre, et le réveillon du nouvel an 1963 la voit chanter au Palais de la Méditerranée à Nice. Ultime cadeau qu'Édith fait à Théo — à qui, dans la corbeille du marié, elle avait offert un train électrique avec un décor reconstituant sa ville natale, avec même le salon de coiffure familial — elle se produit avec lui à La Frette-sur-Seine, le 26 janvier 1963. Et, après avoir encore rôdé leur numéro de duettistes, Piaf affronte son ultime grand concert, à Bobino, le 13 mars 1963. C'est alors son véritable adieu à la scène, le dernier triomphe, où elle martèle encore :

L'amour qu'on a connu
Vous laisse un goût de miel
L'amour c'est éternel[5] !

Nul doute qu'une dernière fois, elle lui a « arraché le cœur » à son public, comme disait Louis Armstrong. A-t-il deviné, ce public, qu'Édith Piaf faisait ses adieux à la scène, à la vie — car il n'y avait pas de vie pour elle en dehors de la scène ? Assurément. Il suffit de revoir le visage d'Édith Piaf chantant ces paroles à côté d'un Théo qui reste assez maladroit dans sa gestuelle, qui est un peu gauche, mais pour cela aussi touchant. Le visage d'Édith Piaf est bouffi, son corps est très amaigri, ses jambes sont gonflées, ses mains déformées. Mais sa voix est puissante encore, pleine de chaleur et de foi. Pourtant, derrière elle, il y avait médecin, infirmière, brancardier et le chiropracteur Lucien Vaimber, si fidèle à Édith Piaf, qui lui avait dédié sa chanson « Mon vieux Lucien » :

Quelle chance que t'as
D'avoir, Lucien,

Un vieux copain
Comme moi[6].

En fait, quelle chance, Édith Piaf, d'avoir un vieux copain comme lui, c'est bien cela qu'elle voulait dire, par antiphrase... Ils sont donc tous là, dans les coulisses, derrière le rideau, prêts à intervenir. Il y aura encore de modestes prestations dans des villes de province, et la toute dernière a lieu le 31 mars à l'Opéra de Lille, devant une salle presque vide. Voilà, Édith Piaf a fait ses adieux, et le public n'est déjà plus là. Louis Barrier annule tous les contrats, la grande malade s'en va vers le sud, d'abord à Saint-Jean-Cap-Ferrat pour se reposer, en fait se préparer à la mort, à cent mètres de la villa de Jean Cocteau ; puis à Mougins, à l'intérieur des terres, parce que le médecin déconseille le bord de mer. Et enfin, Piaf s'en ira à Plascassier, près de Grasse, pour y finir ses jours, le 10 octobre, à l'Enclos de la Rourée, drôle de nom, bien peu sympathique. On cachera à Édith Piaf que, dans la nuit du 4 septembre, Claude Figus a avalé trop de somnifères pour rester de ce monde. Quelques amis lui rendent visite, Raymond Asso, en particulier, qui se rappelle à son bon souvenir et tente de lui remonter le moral : « Pense que tu es la plus grande et que c'est maintenant que tu dois atteindre le haut de la montagne[7]. » Paroles dérisoires, en fait, il vient aussi exhiber sa misère et lui demander quelque argent, qu'elle lui donne, bien sûr ! De même Momone passe, en coup de vent : sa visite n'était pas des plus désirées. Cocteau lui délivre aussi son dernier message : « Je sors assez mal de mes disputes avec la mort mais le cœur est solide et je t'aime[8]. » Étrange parallélisme des destins, en conjointe agonie ! La veille, c'était l'anniversaire de son mariage avec Théo Sarapo, le 9 octobre 1962. Le lundi 7 octobre au matin, Édith Piaf l'embrasse pour la dernière fois : il remonte à Paris pour tourner avec Franju. Deux jours plus tard, elle entre en agonie et meurt d'une hémorragie interne dans la nuit. À treize heures trente, le jeudi 10 octobre, Piaf meurt. Mais, pour respecter ses dernières volontés et mourir vraiment à Paris, c'est en ambulance que son corps sera ramené boulevard Lannes, où son décès sera dûment constaté le lendemain à sept heures du matin (selon l'état civil). Cocteau mourra ce même jour. Ce fut, quand même, une étonnante coïncidence que la mort conjointe de ces deux grands amis, de cette voix de bronze et de celui qui l'avait encensée.

Telle que l'éternité la change

Le 9 octobre 1962, Édith Piaf sort de la cathédrale orthodoxe Saint-Étienne, de Paris, au bras de Théo, sous les vivats de la foule massée dans la rue Georges-Bizet. Elle gardera en tête l'impression et l'émotion qu'elle a ressenties, et dont elle trace les mots dans son récit de vie :

> À cet instant, j'ai cessé d'avoir peur pour l'avenir, quoi qu'il puisse encore m'arriver.
> J'ai, dents serrées, pour moi toute seule, murmuré :
> « Peut m'arriver n'importe quoi
> « Ça m'est égal
> « Peut m'arriver n'importe quoi
> « J'm'en fous pas mal... »
> J'étais heureuse, et prête.
> Prête à la suite de ma vie, même si comme dans une autre de mes chansons :
> Je n'en connais pas la fin[1]...

Michel Emer était déjà l'auteur de « J'm'en fous pas mal », cette chanson culte qu'Édith Piaf a chantée en 1946. Évocation de la vie laborieuse d'une ouvrière qui, le dimanche, va danser au bal et connaît l'amour dans les bras d'un amant, qui un beau jour disparaît, la laissant seule avec ses souvenirs et la rumeur publique qui la stigmatise :

Mais ce que les gens pensent de vous
Ça m'est égal
Je m'en fous !
Les souvenirs qui m'enlacent
Chantent au fond de mon cœur[2].

Cette phrase, qui revient si souvent dans la bouche d'Édith Piaf, dit bien sa révolte contre le monde, depuis son enfance, et sa volonté de s'affirmer envers et contre tout. Et puis, il y a cette jouissance du moment et le plaisir qui s'imprime dans la mémoire, à tout jamais. Et qui réconforte, et qui rachète de bien des misères de la vie. L'espagnol a un proverbe qui dit bien ce que souligne la chanson de Michel Emer : « *Que me quiten lo bailao !* », littéralement « Qu'on m'enlève ce que j'ai dansé », et qu'on peut traduire en français par « C'est toujours ça de pris ! » ou, comme l'on disait en Algérie en bravant le danger pour gagner son plaisir : « Tant pis si j'en crève ! » Édith Piaf, qui a brûlé la chandelle par les deux bouts, définitivement, ne regrettera rien. Ces chansons lui ressemblent, elles ont été choisies ou composées par elle, ou ont été composées pour elle et pour ce qu'elle représentait. Sa vie et ses chansons se sont confondues. À l'arrivée, au terme, il ne fait pas de doute que, dans la bousculade ultime des séquences vitales, elle a pu se répéter pêle-mêle, « Dans la vie on est peau d'balle... » « J'm'en fous... » « Peu m'importe... » « Si je t'aime... » « J'en ai le droit, d'aimer... » « Non, je ne regrette rien... »[3] La mort ne lui faisait pas peur, elle nous a laissé un tercet en forme d'haïku — car Édith Piaf était, véritablement, poète —, mais avec toute sa gouaille, ce sens de la dérision, cette distance par rapport aux choses, finalement sa vertu d'indifférence :

J'ai mal aux pinceaux,
Mes pompes sont trop petites,
Je me tire[4].

Et aussi, comme elle le disait de ceux qui s'aimaient, et le chantait dans « Les amants de Teruel » : « La haine n'[a] pu les atteindre[5]. » Non, Édith Piaf, la haine n'a pas pu t'atteindre, pas plus que la jalousie ou la méchanceté, car l'écume ou la bave ne saurait lécher le pied de ta statue où la petite femme en robe noire reste campée pour l'éternité, délivrant sa voix, son timbre unique, au ciel et à la terre. Affirmant le seul droit que nul ne saurait lui disputer, « Le droit d'aimer » :

À souhaiter des noces
Comme celles des gosses
En âge de l'amour
Je l'ai voulu, ce droit[6] !

Cette chanson, l'une des toutes dernières, voulait affirmer, sur les paroles de Robert Nyel et la musique de Francis Lai, en dépit des ragots et des calomnies, son droit absolu d'aimer Théo Sarapo, son dernier amour, son ultime bonheur. Un bonheur qu'elle nous a légué à tout jamais. Comme elle nous a laissé son amour...

ANNEXES

REPÈRES CHRONOLOGIQUES

1915. *19 décembre* : Édith Giovanna Gassion naît à l'hôpital Tenon, rue de la Chine, dans le XXe arrondissement de Paris, de Jeanne Maillard — artiste-chanteuse sous le nom de Line Marsa — et de Louis Gassion, contorsionniste et, pour l'heure, sur le front. Le domicile des parents est 72 rue de Belleville, où une plaque déclare, à tort, que l'enfant est née.

1915-1918. Édith, abandonnée par sa mère à l'âge de trois mois, vit au 91 rue Rébeval, dans le XIXe arrondissement, chez sa grand-mère, Emma Saïd, artiste de cirque retirée du chapiteau.

1917. *15 décembre* : baptême à l'église Saint-Jean-Baptiste de Belleville.

1918. Louis Gassion reprend sa fille de chez sa belle-mère et l'emmène en Normandie, à Bernay, où sa mère, Léontine Gassion, tient une maison de plaisir, au 7 rue Saint-Michel. *31 août* : naissance d'Herbert Gassion, fils de Louis et de Jeanne Maillard. Placé à l'Assistance publique. Édith ne rencontrera brièvement son frère que sept ans plus tard, dans un café du faubourg Saint-Martin.

1920-1923. Édith, atteinte de kératite, et qu'on croit aveugle, est emmenée en pèlerinage à Lisieux, tout près de Bernay, et le miracle opère peu après : elle recouvre la vue. Imprécision sur la date.

1925. Louis Gassion vient reprendre sa fille et l'entraîne dans sa vie d'artiste nomade. Sans domicile fixe : le cirque ou la rue. Six années d'errance.

1929. Divorce des parents d'Édith.
1931. Naissance de Denise Gassion, demi-sœur d'Édith, née de Louis et de Jeanne L'Hôte. Rencontre d'Édith et de Simone Berteaut, dite « Momone », née en 1917, qui prétendra être la fille naturelle de Louis Gassion et donc la demi-sœur d'Édith. Édith habite alors chez son père et sa belle-mère au 115 rue de Belleville. Elle s'associe à « Momone » pour arpenter le bitume et chanter dans les rues. Elles vivront à l'hôtel, dans différents quartiers.
1932. Rencontre Louis Dupont, dit P'tit Louis, ouvrier au chômage, son premier amour.
1933. Naissance à l'hôpital Tenon de Marcelle, fille d'Édith et de P'tit Louis.
12 décembre : Édith chante à la caserne du château de Vincennes, premier contrat. Marcelle est emmenée par son père pour demeurer chez sa mère au 321 rue de Belleville. La Môme est engagée aussi dans un cabaret de Pigalle, le Juan-les-Pins.
1935. *7 juillet* : Marcelle meurt d'une méningite à l'hôpital des Enfants malades. Édith se prostitue pour payer l'enterrement de sa fille.
Automne : Édith, qui chante au coin de l'avenue Mac-Mahon et de la rue Troyon, rencontre Louis Leplée, propriétaire du cabaret le Gerny's, dans le quartier des Champs-Élysées, 54 rue Pierre-Charron. Il lui invente son nom d'artiste. Début véritable de la Môme Piaf.
18 décembre : elle enregistre son premier disque 78 tours chez Polydor, *Les mômes de la cloche*.
1936. *6 avril* : crime crapuleux, Louis Leplée est assassiné à son domicile, 83 avenue de la Grande-Armée. Édith Piaf est interrogée par la police et placée en garde à vue pendant deux jours. Elle se replie à Pigalle et chante au cabaret O'dett, sous les huées. Elle a aussi un contrat au cabaret L'Ange rouge, dans le IXe arrondissement. Rencontre avec Raymond Asso, écrivain-parolier, qui va former Édith et la transformer en Piaf. Il sera son amant pendant près de trois ans.
1937. Édith Piaf enregistre « Mon légionnaire », paroles de Raymond Asso, musique de Marguerite Monnot. Début d'une

longue collaboration avec cette dernière. Édith Piaf habite sur la butte Montmartre à l'hôtel Alsina, 39 rue Junot.

26 mars : Édith Piaf fait ses débuts à l'ABC (1 200 places), music-hall fondé par Mitty Goldin, à qui Marie Dubas recommande Piaf, et que Raymond Asso a su convaincre. La Môme Piaf chante cinq chansons, plus un bis, c'est un triomphe. Tournée en province et en Belgique.

1938. Radio-Cité lui consacre son émission du premier de l'an. Divers contrats à Paris et en province. Cinémas et cabarets se la disputent.

15 avril - 5 mai : L'ABC la reprogramme en vedette américaine de Charles Trenet.

1939. *8 janvier* : début de sa tournée dans toute la France et en Belgique.

19 - 25 mai : elle passe à Bobino.

1er août : déclaration de la guerre. Raymond Asso est mobilisé. Fin d'une idylle. Mais Piaf chantera « Mon légionnaire » jusqu'en 1942.

4 septembre : en contrat à Deauville, Édith Piaf regagne Paris.

Octobre : elle retrouve du travail dans divers cabarets et music-halls. Rencontre avec Paul Meurisse, chanteur comique. Ils se mettent en ménage, 10 bis rue Anatole-de-la-Forge, près de l'Étoile : Édith Piaf découvre le monde de l'élégance et de la distinction.

1940. Rencontre Michel Emer, caporal, qui lui donne « L'accordéoniste » avant de monter au front.

16 - 22 février : passage à Bobino. Jean Cocteau, admirateur d'Édith Piaf, écrit pour elle un monologue, *Le Bel Indifférent*, avec Paul Meurisse dans un rôle muet, créé au Bouffes-Parisiens. Succès de la comédienne.

1941. *18 août - 29 septembre* : Piaf et Meurisse tournent dans *Montmartre-sur-Seine*, de Georges Lacombe et André Cayatte. Tournée en zone libre jusqu'en 1942.

1942. *17 octobre* : rentrée parisienne à l'ABC, pour quatre semaines. Liaison avec Henri Contet. Édith Piaf déménage et habite au 3e étage d'une maison de rendez-vous, tenue par Madame Billy, au 5 rue Villejust, près de l'Étoile.

1943. *Février* : elle chante au Casino de Paris.

Juin : elle chante à l'ABC.

14 août : part à Berlin chanter pour les Français requis par le STO (Service du travail obligatoire).

1944. *10 janvier* : Édith Piaf passe avec succès son examen d'admission à la SACEM (Société des auteurs compositeurs et éditeurs de musique) comme « artiste-mélodiste ».

14 février : elle retourne à Berlin chanter pour les Français requis par le STO.

3 mars : son père meurt à l'âge de soixante-trois ans. Tournée en Belgique, à Paris et en province.

11 juillet : elle organise avec Sacha Guitry, au cabaret Le Beaulieu, un gala de charité dont le bénéfice va aux familles des prisonniers de guerre.

25 août : libération de Paris. Édith Piaf rencontre Ivo Livi, dont elle lancera la carrière ; elle le rebaptisera Yves Montand. Tournée à deux dans toute la France.

1945. *6 février* : la mère d'Édith Piaf meurt et est enterrée au cimetière de Thiais. Tournage du film *Étoile sans lumière*, de Marcel Blistène. Édith Piaf prend à son service son frère, Herbert Gassion, rentré de captivité. Rencontre de trois hommes : Louis Barrier, son imprésario, Robert Chauvigny, son pianiste et Marc Bonel, son accordéoniste.

1946. Tournée en Suisse, elle rencontre Jean Villard (Gilles) et découvre sa chanson, « Les trois cloches ». Rencontre des Compagnons de la chanson. Tournée triomphale. Rupture avec Yves Montand. Voyage en Grèce, liaison avec Takis Ménélas. Rencontre avec Charles Aznavour, début de leur inaltérable amitié.

1947. *Octobre* : tournée aux États-Unis avec les Compagnons de la chanson. Liaison avec l'un d'eux, Jean-Louis Joubert.

1948. *Mi-janvier — mi-mars* : Édith Piaf triomphe au Versailles de New York. Rencontre avec le boxeur Marcel Cerdan au Club des Cinq.

12 mars : assiste au match de Marcel Cerdan au Madison Square Garden.

16 mars : ils rentrent ensemble à Paris. Ils se mettent en ménage dans un appartement qu'elle loue rue Leconte-de-Lisle.

23 mars : présentation du film *Neuf garçons et un cœur*, de Freedland.

26 août : tournée à New York, pour chanter au Versailles et retrouver Marcel Cerdan.

21 septembre : Cerdan est sacré champion du monde. Réveillon de Noël à Casablanca, chez les Cerdan.

1949. Tournée de deux semaines en Égypte et au Liban. Herbert Gassion monte une boîte de nuit au Maroc grâce à l'argent donné par Édith Piaf.

16 juin : Cerdan perd son titre devant LaMotta.

1er juillet : achat d'un hôtel particulier à Boulogne.

2 décembre : l'avion de Marcel s'écrase aux Açores.

3 décembre : Édith Piaf chante au Versailles l'« Hymne à l'amour ».

1950. *4 février* : retour à Paris.

Mi-mars : remonte sur scène, salle Pleyel. Liaison avec Eddie Constantine.

7 septembre : tournée à New York, au Versailles, jusqu'au début janvier 1951.

1951. *10 au 20 mars* : comédie musicale *La p'tite Lili* à l'ABC. Hospitalisation pour infection intestinale.

21 juillet : accident de voiture, fracture de l'humérus, morphine. Liaison avec André Pousse, ex-champion cycliste. Bientôt remplacé par un autre champion cycliste, Toto Gérardin.

1952. Rencontre Jacques Pills. Emménagement au 67 bis boulevard Lannes.

15 septembre : mariage à l'hôtel de ville de New York, avec pour témoin Marlene Dietrich.

20 septembre : messe de mariage à l'église Saint-Vincent-de-Paul. Tournée américaine jusqu'au 6 janvier de l'année suivante.

1953. Crises de rhumatisme articulaire, abus de morphine et cure de désintoxication. Joue dans *Si Versailles m'était conté*, de Sacha Guitry où elle chante « Ah, ça ira ! ».

1954. *4 janvier* : Piaf fête son millionième disque vendu. Deuxième cure de désintoxication.

3 avril : émission de télévision *La Joie de vivre*.

Juillet : troisième cure de désintoxication.

1955. *27 janvier* : 1ᵉʳ tour de chant à l'Olympia.
Février : tournée de quatorze mois aux États-Unis, au Canada et en Amérique du Sud, Mexique et Brésil. Séparation d'avec Jacques Pills.

1956. *4 janvier* : concert au Carnegie Hall.
7 mai : retour à Paris. Deuxième tour de chant à l'Olympia.
Septembre : retour à New York pour quatre mois, se produit aussi au Canada, à La Havane, en Argentine et au Brésil.

1957. Tourne *Les Amants de demain,* de Blistène, sur un scénario de Pierre Brasseur.
15 mai : Piaf divorce de Jacques Pills. Liaison avec Félix Marten, puis avec André Schoeller.

1958. Liaison avec Georges Moustaki. Tournée en Suède et malaise sur scène. Opération de la vésicule biliaire.
6 septembre : grave accident de voiture, avec Moustaki au volant. Édith Piaf est grièvement blessée.
Novembre : tournée en Afrique du Nord (Tunis, Alger, Oran).

1959. *6 janvier* : départ pour New York. Rupture avec Moustaki. Nombreux malaises, hospitalisations, hémorragies et transfusions sanguines.
21 juin : liaison avec Douglas Davis qui rentre avec elle à Paris.
22 juillet : troisième accident de voiture, Douglas au volant, sérieuses contusions.
22 septembre : opération d'une pancréatite à l'hôpital américain de Neuilly.
20 novembre : repart en tournée dans toute la France, divers malaises.
Décembre : nouvelle cure de désintoxication. Retour à l'hôpital de Neuilly, état grave.

1960. Longue convalescence.
24 octobre : rencontre avec Charles Dumont et retour à la chanson, à la vie, avec notamment la chanson « Non, je ne regrette rien ».

1961. *2 janvier* : rentrée triomphale à l'Olympia. Chante avec Dumont « Les amants ».
24 mai : nouvelle hospitalisation pour occlusion intestinale. Brouille avec Dumont.

1962. *26 janvier* : rencontre Théophanis Lamboukas, qu'elle rebaptise Théo Sarapo et qu'elle fait chanter le 29 mai chez Patachou.

3 juin : mort de Douglas Davis dans un accident d'avion.

15 juin : remonte sur scène à l'Empire de Reims. Début d'une tournée en province.

27 septembre : son dernier Olympia. Elle chante « À quoi ça sert l'amour ? ».

9 octobre : mariage d'Édith Piaf avec Théo Sarapo à la cathédrale orthodoxe de Paris.

10 octobre : retour des époux à l'Olympia à guichets fermés, jusqu'au 24 octobre. Ultime tournée en Belgique et en Hollande.

1963. *26 janvier* : concert à La Frette-sur-Seine, chez les Sarapo.

21 février : concert à Bobino avec Théo.

13 mars : adieux au public.

31 mars : entre maladie et malaises, ultime tour de chant à l'Opéra de Lille.

31 mai : après un mois et demi d'hospitalisation, convalescence à Saint-Jean-Cap-Ferrat.

20-28 juin : coma hépatique.

Fin juillet : tous les contrats sont annulés. Piaf ne pèse plus que trente-quatre kilos.

10 octobre : mort d'Édith Piaf. Décès officiel le lendemain, à Paris.

14 octobre : obsèques au Père-Lachaise.

RÉFÉRENCES BIBLIOGRAPHIQUES

OUVRAGES CONSULTÉS

Simone Berteaut, *Piaf*, Laffont, 1969.
Marc et Danielle Bonel, *Édith Piaf, le temps d'une vie*, éditions Le Fallois, 1993.
Emmanuel Bonini, *Piaf, la vérité*, Pygmalion, 2008.
Louis Bozon, *Marlène Dietrich*, Michel Lafon, 2012.
Philippe Crocq et Jean Mareska, *La vie pas toujours rose d'Édith Piaf*, Éditions du Rocher, 2007.
Stan Cuesta, *Édith Piaf*, Flammarion, Librio musique, 2000.
Hélène Darchen et Linda Chaïb, *Édith, La fille au père Gassion*, Éditions Hors Commerce, 2003.
Pierre Duclos et Georges Martin, *Piaf*, Le Seuil, 1993.
Charles Dumont, *Non, je ne regrette toujours rien*, Calmann-Lévy, 2012.
Hervé Hamon et Patrick Rotman, *Tu vois, je n'ai pas oublié*, Le Seuil/Fayard, 1990.
Historia, « La vie rose et noire de Édith Piaf », n° 323, octobre 1973.
Monique Lange, *Édith Piaf*, J.-C. Lattès, 1993.
David Lelait, *Sur un air de Piaf*, Payot, 2003.
François Lévy, *Passion Édith Piaf, la môme de Paris*, préface Charles Aznavour, éditions Textuel, 2003.
Jean-Paul Mazillier, Anthony Berrot et Gilles Durieux, *Piaf, de la Môme à Édith*, Le cherche-midi, 2010.
Jean Noli, *Piaf secrète*, L'Archipel, 2003.

Paris-Match, « En photos, sa sœur fait revivre Piaf », n° 1063, 20 septembre 1969.
Édith PIAF, *Ma vie*, Presses Pocket, 1964.
—, *L'Hymne à l'amour*, édition établie par Pierre Saka, Librairie générale française, 1994.
—, *Au bal de la chance*, L'Archipel, 2003.
—, *Mon amour bleu*, Grasset, 2011.
Édith PIAF et Marcel CERDAN, *Moi pour toi — Lettres d'amour*, Le Cherche Midi, 2002.
Sylvain REINER, *Piaf, le livre d'Édith*, L'Archipel, 1999.
Ginou RICHER, *Mon amie Édith Piaf*, préface de Charles Aznavour, L'Instantané Éditions, 2004.
Anne SIZAIRE, *Édith Piaf, la voix de l'émotion*, Desclée de Brouwer, 1996.
Isabelle SOBELMAN, *Vivante*, éditions Melville (Léo Scheer), 2003.
Sophie TROUBAC, *Édith Piaf, l'hymne à l'amour*, éditions Sauret, 1995.
Hugues VASSAL, *Dans les pas de... Édith Piaf*, Les 3 Orangers, 2002.

DISCOGRAPHIE ET FILMOGRAPHIE

Édith Piaf, l'Intégrale — 20 CD — 413 chansons, EMI Music France, 2007.
L'Hymne à la Môme, DVD, EMI Music France, 2003.
La Môme, film d'Olivier Dahan, DVD, EMI, 2007.
Les Amants de demain, film de Marcel Blistène, DVD, éditions René Chateau, 2007.
Étoile sans lumière, film de Marcel Blistène, DVD, collection Les Classiques français, SNC, M6 Vidéo, 2008.
Neuf garçons et un cœur, film de Freedland, DVD, collection Gaumont, 2011.

NOTES

AVANT-DIRE

1. « Mon amant de Saint-Jean » (1942), paroles de Léon Agel et musique d'Émile Carrare ; « Y'a tant d'amour » (1954), paroles de Raymond Asso et musique de Claude Valéry ; « Escale » (1938), paroles de Jean Marèze ; « Mon légionnaire » (1937), paroles de Raymond Asso et musique de Marguerite Monnot, EMI Music France. Tous les textes des chansons citées proviennent de l'ouvrage : Édith Piaf, *L'Hymne à l'amour*, édition établie par Pierre Saka, Librairie générale française, 1994.

2. « Romance de maître Pathelin », paroles d'Adolphe de Lewen et François Bazin.

3. Édith Piaf, *Ma vie*, Union générale d'éditions, 1964, p. 144.

LA PETITE MÔME

1. « La goualante du pauvre Jean » (1954), paroles de René Rouzaud et musique de Marguerite Monnot.

2. Édith Piaf, *Ma vie, op. cit.*, p. 13.

3. Cité par Pierre Duclos et Georges Martin, *Piaf*, Éditions du Seuil, 1993, p. 84.

4. Cité par Emmanuel Bonini, *Piaf, la vérité*, Pygmalion, 2008, p. 29.

5. Édith Piaf, *Ma vie, op. cit.*, p. 14.

6. *Ibid.* p. 14.

7. Entretien avec Liliane Carpentier, Bernay, 1993, cité dans Pierre Duclos et Georges Martin, *Piaf, op. cit.*, p. 72-73.

8. *La joie de vivre*, émission télévisée de Henri Spade et Robert Chazal, « La joie de vivre d'Édith Piaf », 1954, archives de l'INA.

9. Pierre Duclos et Georges Martin, *Piaf, op. cit.*, p. 74.

10. Édith Piaf, *Au bal de la chance*, L'Archipel, 2003, p. 83.

11. *Ibid.*, p. 30.

12. Musée Édith-Piaf, 5 rue Crespin-du-Gast, 75 011 Paris.

13. Édith Piaf, *Au bal de la chance, op. cit.*, p. 88.

14. Scène reconstituée par Pierre Duclos et Georges Martin dans *Piaf, op. cit.*, p. 82.

15. Simone Berteaut, *Piaf*, Robert Laffont, 1969.

16. « Les mômes de la cloche » (1936), paroles de Decage et musique de Vincent Scotto, EMI Music France.

17. Emmanuel Bonini, *Piaf, la vérité*, Pygmalion, 2008, p. 69.

18. Édith Piaf, *Ma vie, op. cit.*, p. 121-122.

19. Jean Noli, *Piaf secrète*, L'Archipel, 2003, p. 72.

20. Jean Cocteau, Préface à Édith Piaf, *Au bal de la chance, op. cit.*, p. 29.

LA MÔME PIAF

1. Édith Piaf, *Au bal de la chance, op. cit.*, p. 34.

2. « Comme un moineau » (1925), paroles de Marc Hély et musique de Jean Lenoir, EMI Music France.

3. Édith Piaf, *Au bal de la chance, op. cit.*, p. 44.

4. Philippe Crocq et Jean Mareska, *La vie pas toujours rose d'Édith Piaf*, Éditions du Rocher, 2007, p. 67.

5. *Ibid.*, p. 42.

6. *Ibid.*

7. Édith Piaf, *Ma vie, op. cit.*, p. 129.

8. Jean Noli, *Piaf secrète, op. cit.*, p. 48.

9. Lettre reproduite par E. Bonini, *Piaf, la vérité, op. cit.*, p. 95.

10. *Ibid.*, p. 94.

11. Pierre Duclos et Georges Martin, *Piaf, op. cit.*, p. 108.

LA VOIE VERS LA GLOIRE

1. Édith Piaf, *Au bal de la chance*, *op. cit.*, p. 42-43.
2. « Pigalle », paroles et musique de Georges Ulmer.
3. « L'étranger », *op. cit.* ; « Mon apéro » (1936), paroles de Robert Malleron et musique de Robert Juel ; « La Java de Cézigue » (1936), paroles de René-Pierre Groffe et musique de Jean Eblinger, EMI Music France.
4. « L'homme de Berlin » (1963), paroles de Michèle Vendôme et musique de Francis Lai.
5. « L'Étranger » (1934), paroles de Robert Malleron et musique de Robert Juel et Marguerite Monnot, EMI Music France.
6. « Bravo pour le clown » (1953), paroles d'Henri Contet et musique de Louiguy.
7. Cité par Pierre Duclos et Georges Martin, *Piaf*, *op. cit.*, p. 183.
8. Bonini, *Piaf*, *op. cit.*, p. 81.
9. Cocteau, préface citée, p. 30.

« ÉDITH PIAF »

1. Cf. Bonini, *Piaf*, *op. cit.*, p. 119.
2. « Browning » (1938), paroles de Raymond Asso et musique de Jean Villard (Gilles), EMI Music France.
3. Simone Berteau, *Piaf, la vérité*, *op. cit.*, p. 88.
4. « Si tu n'étais pas là », paroles de Fréhel, 1934.
5. « Prière de la Charlotte », 1933, mise en musique du poème de Jehan Rictus, « La Charlotte prie Notre-Dame durant la nuit du Réveillon », in *Le Cœur populaire*, Eugène Rey, Libraire éditeur, 1920.
6. « Escale » (1938), paroles de Jean Marèze, musique de Marguerite Monnot.
7. « Amsterdam » (1964), *Olympia 1964*, éditions Jacques Brel.
8. Simone Berteaut, *Piaf, la vérité*, *op. cit.*, p. 90.
9. *Ibid.*, p. 106.
10. Édith Piaf, *Au bal de la chance*, *op. cit.*, p. 65.
11. *Ibid.*, p. 66.
12. Philippe Crocq et Jean Mareska, *La vie pas toujours rose d'Édith Piaf*, *op. cit.*, p. 73.

13. Simone Berteaut, *Piaf, op. cit., p.* 100.
14. *Ibid.*, p. 109.

MOMONE

1. Simone Berteaut, *Piaf, op. cit.*, p. 11.
2. Cité par Emmanuel Bonini, *Piaf, la vérité, op. cit.*, p. 44.
3. Ginou Richer, *Mon amie Édith Piaf*, préface de Charles Aznavour, Éditions L'Instantané, 2004.

LE LÉGIONNAIRE

1. Cité par Philippe Crocq et Jean Mareska, *La vie pas toujours rose d'Édith Piaf, op. cit.*, p. 76.
2. Marc et Danielle Bonel, *Édith Piaf — le temps d'une vie*, éditions Le Fallois, Paris, 1993, p. 13.
3. Édith Piaf, *Au bal de la chance, op. cit.*, p. 67-68.
4. Marc et Danielle Bonel, *op. cit.*, p. 53.
5. « Le contrebandier » (1936), paroles de Raymond Asso et musique de Jean Villard ; « J'entends la sirène » (1936), paroles de Raymond Asso et musique de Marguerite Monnot ; « Les Marins ça fait des voyages » (1936), paroles de Raymond Asso et musique de Mitty Goldin ; « Mon amant de la Coloniale » (1936), paroles de Raymond Asso et musique de Robert Juel. « Le fanion de la Légion » (1937), paroles de Raymond Asso et musique de Marguerite Monnot, EMI Music France.
6. « Mon légionnaire » (1937), paroles de Raymond Asso et musique de Marguerite Monnot, EMI Music France.
7. « C'est lui que mon cœur a choisi » (1938), paroles de Raymond Asso et Paul Colline ; « La vie en rose » (1945), paroles d'Édith Piaf et musique de Louiguy, EMI Music France.
8. « Un jeune homme chantait » (1937), paroles de Raymond Asso et musique de Léo Pol, EMI Music France.
9. « Browning », *op. cit.*
10. « Paris-Méditerranée » (1938), paroles de Raymond Asso, musique de René Cloërec, EMI Music France.

11. *Les Lettres françaises*, le 10 octobre 1968.
12. Édith Piaf, *Ma vie, op. cit.*, p. 32.
13. Cité par Duclos et Martin, *Piaf, op. cit.*, p. 129-130.
14. « J'suis pas bien portant » (1934), paroles de Géo Koger et musique de Vincent Scotto et Gaston Ouvrard.
15. « Où est-il donc ? » (1926), paroles d'A. Decaye et Lucien Carol, musique de Vincent Scotto, EMI Music France.
16. Cité par Emmanuel Bonini, *Piaf, la vérité, op. cit.*, p. 138.
17. Édith Piaf, *Au bal de la chance, op. cit.*, p. 69.

L'HOMME AU MONOCLE

1. Édith Piaf, *Ma vie, op. cit.*, p. 33-34.
2. « L'accordéoniste » (1940), paroles et musique de Michel Emer, EMI Music France.
3. *Édith Piaf, Ma vie, op. cit.*, p. 35.
4. « Où sont-ils mes petits copains » (1941), paroles d'Édith Piaf et musique de Marguerite Monnot, EMI Music France.

L'ÂME DE PADAM

1. « Jérusalem » (1960), paroles de Robert Chabrier et musique de Jo Moutet. « Exodus », sur la musique du film d'Otto Preminger (1960), enregistrée le 3 février 1961, chez Columbia, EMI Music France.
2. Sylvain Reiner, *Piaf, le livre d'Édith*, L'Archipel, Paris, 1999, p. 186.
3. *Ibid.*, p. 172.
4. Pierre Duclos et Georges Martin, *Piaf, op. cit.*, p. 210.
5. *Ibid.*, p. 173.

« BATTLING JOE »

1. « Il fait des... » (1946), paroles d'Édith Piaf et musique d'Edward Chekler.

2. « Ça c'est d'la musique » (1958), paroles de Michel Rivgauche et musique de Norbert Glanzberg.

3. « Il fait des... », *op. cit.*

4. « Ma gosse, ma petite môme » (1946), paroles de Henri Contet et musique de Marguerite Monnot, EMI Music France.

5. Édith Piaf, *Au bal de la chance, op. cit.*, p. 109.

6. « C'était une histoire d'amour » (1943), paroles de Henri Contet et musique de Jean Jal, EMI Music France.

7. « La vie en rose », *op. cit.*

8. « Elle a... » (1945), paroles d'Édith Piaf et musique de Marguerite Monnot, EMI Music France.

9. « Mais qu'est-ce que j'ai ? » (1945), paroles d'Édith Piaf et musique de Henri Betti, EMI Music France.

10. Hervé Hamon et Patrick Rotman, *Tu vois, je n'ai pas oublié*, Le Seuil/Fayard, 1990, p. 149.

11. *Ibid*, p. 147-148.

12. Sylvain Reiner, *Piaf, op. cit.*, p. 93.

13. *Étoile sans lumière* (1946), scénario et réalisation de Marcel Blistène.

14. *La Dépêche de Paris*, 28-29 octobre 1945.

15. « Les feuilles mortes » (1946), paroles de Prévert et musique de Vladimir Kosma. La version anglaise des paroles, « Autumn Leaves » (1949), est de Johnny Mercer, EMI Music France.

LES TROIS CLOCHES

1. « Heureuse » (1953), paroles de René Rouzaud et musique de Marguerite Monnot, EMI Music France.

2. Jean Noli, *Piaf secrète, op. cit.*, p. 76.

3. *Ibid.*, p. 79.

4. Hugues Vassal, *Dans les pas de... Édith Piaf*, éditions Les 3 Orangers, 2002, p. 10.

5. Édith Piaf, *Ma vie, op. cit.*, p. 39.

6. Postface à *Au bal de la chance, op. cit.*, p. 199.

7. « Où sont-ils tous mes copains », *op. cit.*

8. « Les trois cloches », interprétée par Édith Piaf et les Compagnons de la chanson (1946), paroles et musique de Jean Villard, EMI Music France.

9. « Hymne à l'amour » (1950), paroles d'Édith Piaf et musique de Marguerite Monnot, EMI Music France.

10. « Les cloches sonnent » (1947), paroles d'Édith Piaf et musique de Marguerite Monnot, EMI Music France.

11. Postface à *Au bal de la chance*, *op. cit.*, p. 201.

GOD BLESS AMERICA

1. Édith Piaf, *Au bal de la chance*, *op. cit.*, p. 124.
2. Édith Piaf, *Ma vie*, *op. cit.*, p. 46.

DEUX PETITS GANTS DE CUIR

1. *Ma vie*, *op. cit.*, p. 44.
2. *Ibid.*, p. 45.
3. « Hymne à l'amour », *op. cit.*
4. « J'm'en fous pas mal » (1946), paroles et musique de Michel Emer, EMI Music France.
5. Lettre à Jacques Bourgeat, citée par Emmanuel Bonini, *Piaf, la vérité*, *op. cit.*, p. 287.
6. Interview dans *Samedi-Soir*, cité par Duclos et Martin, *Piaf*, *op. cit.*, p. 291-292.
7. « Hymne à l'amour », *op. cit.*
8. « Non, je ne regrette rien » (1960), paroles de M. Vaucaire, musique de Charles Dumont, EMI Music France.
9. Philippe Crocq et Jean Mareska, *La vie pas toujours rose d'Édith Piaf*, *op. cit.*, p. 169.
10. Édith Piaf et Marcel Cerdan, *Moi pour toi — Lettres d'amour*, Le Cherche Midi, 2002, éditions « J'ai lu », 2004.
11. *Ibid.*

POUR L'AMOUR DE MARLENE

1. Édith Piaf, *Au bal de la chance*, *op. cit.*, p. 137.
2. « Le chevalier de Paris » (1950), paroles d'Angèle Vannier et musique de Philippe Gérard, EMI Music France.

3. *France-Dimanche*, 4 mars 1951.
4. « Ah ça ira » (1953), paroles de Sacha Guitry et musique de Jean Françaix, EMI Music France.

POUR LE MEILLEUR ET POUR LE PIRE

1. « *Hymn to love* » (1950), paroles anglaises d'Eddie Constantine et musique de Marguerite Monnot.
2. « *The falling leaves* » (1956), version anglaise de Johnny Mercer et musique de Joseph Kosma.
3. Édith Piaf, *Mon amour bleu*, Grasset, 2011, p. 31.
4. *Ibid.*, p. 117.
5. *Ibid.*, p. 33-34.
6. « Je t'ai dans la peau » (1952), paroles de Jacques Pills et musique de Gilbert Bécaud, EMI Music France.
7. Édith Piaf, *Au bal de la chance, op. cit.*, p. 158.
8. « La foule » (1957), paroles de Michel Rivgauche et musique de Ángel Cabral, EMI Music France.
9. Marc et Danielle Bonel, *Édith Piaf — Le temps d'une vie, op. cit.*, p. 44.

LE GRAND JO AU MILIEU DE LA ROUTE

1. « L'étranger » (1958), paroles de Georges Moustaki et Georges Evan, musique de Georges Moustaki et Robert Chavigny, EMI Music France.
2. « L'étranger » (1935), paroles de Robert Malleron et musique de Robert Juel, *op. cit.*
3. « Milord » (1959), paroles de Georges Moustaki et musique de Marguerite Monnot, EMI Music France.
4. Cité par Emmanuel Bonini, *Piaf, la vérité, op. cit.*, p. 430.
5. « C'est à Hambourg » (1955), paroles de Claude Delécluse, musique de Marguerite Monnot, EMI Music France.
6. « Milord », *op. cit.*
7. Gilles Costaz, *Édith Piaf, une femme faite de cri*, Seghers, 1988, p. 57.
8. Cité par Duclos et Martin, *Piaf, op. cit.*, p. 390.
9. Marc et Danielle Bonel, *Édith Piaf, op. cit.*, p. 143.

10. *Ibid.*, p. 296.
11. Cité par Emmanuel Bonini, *Piaf, la vérité, op. cit.*, p. 440.

LA DÉRIVE

1. Édith Piaf, *Ma vie, op. cit.*, p. 114.
2. *Ibid.*, p. 132.
3. *Ibid.*, p. 141.
4. Charles Dumont, *Non, je ne regrette toujours rien*, Calmann-Lévy, 2012, p. 140.
5. « À t'aimer comme j'ai fait » (1961), paroles de B. Dimey, musique de Francis Lai, EMI Music France.

NON, RIEN DE RIEN

1. Cité par Danielle Bonel, *Édith Piaf, op. cit.*, p. 200-201.
2. *Ibid.*, p. 160, lettre datée du 9 août 1960.
3. *Ibid.*, p. 47.
4. Charles Dumont, *Non, je ne regrette toujours rien, op. cit.*, p. 99.
5. *Ibid.*
6. *Ibid.*, p. 101.
7. *Ibid.*, p. 102.
8. « Non, je ne regrette rien » (1960), paroles de Michel Vaucaire et musique de Charles Dumont, EMI Music France.
9. « T'es l'homme qu'il me faut » (1960), paroles d'Édith Piaf et musique de Charles Dumont, EMI Music France.
10. « Mon Dieu » (1961), paroles de Michel Vaucaire et musique de Charles Dumont, EMI Music France.
11. « Les amants » (1961), paroles d'Édith Piaf et musique de Charles Dumont, EMI Music France.
12. Charles Dumont, *Non, je ne regrette toujours rien, op. cit.*, p. 116.
13. *Ibid.*, p. 134.
14. « Toi, tu l'entends pas » (1962), paroles de Pierre Delanoë, musique de Charles Dumont, EMI Music France.

15. Charles Dumont, *Non, je ne regrette vraiment rien, op. cit.*, p. 140.

16. Texte manuscrit reproduit dans le cahier photographique de l'ouvrage de Charles Dumont, *Non, je ne regrette vraiment rien, op. cit.*

SARAPO, JE T'AIME !

1. « L'accordéoniste » (1940), paroles de Michel Emer, EMI Music France.

2. Charles Dumont, *Non, je ne regrette vraiment rien, op. cit.*, p. 154.

3. « À quoi ça sert l'amour ? » (1962), paroles et musique de Michel Emer, EMI Music France.

4. « Le droit d'aimer » (1962), paroles de Robert Nyel et musique de Francis Lai, EMI Music France.

5. *Ibid.*

6. « Mon vieux Lucien » (1961), paroles de Michel Rivgauche, musique de Charles Dumont, EMI Music France.

7. Marc et Danielle Bonel, *Édith Piaf — Le temps d'une vie, op. cit.*, p. 211.

8. *Ibid.*, p. 161.

TELLE QUE L'ÉTERNITÉ LA CHANGE

1. Édith Piaf, *Ma vie, op. cit.*, p. 182-183.

2. « J'm'en fous pas mal » (1946), paroles de Michel Emer, EMI Music France.

3. « La goualante du pauvre Jean », *op. cit.* ; « J'm'en fous pas mal », *op. cit.* ; « Hymne à l'amour », *op. cit.* ; « Le droit d'aimer », *op. cit.* ; « Non, je ne regrette rien », *op. cit.*

4. Marc et Danielle Bonel, *Édith Piaf — Le temps d'une vie, op. cit.*, p. 225.

5. « Les amants de Teruel » (1962), paroles de Jacques Plante et Mikis Michel Théodorakis.

6. « Le droit d'aimer » (1962), paroles de Robert Nyel et musique de Francis Lai, EMI Music France.

Avant-dire	11
La petite môme	15
La Môme Piaf	35
La voie vers la gloire	44
« Édith Piaf »	55
Momone	64
Le légionnaire	68
L'homme au monocle	79
L'âme de Padam	91
« Battling Joe »	98
Les trois cloches	111
God bless America	124
Deux petits gants de cuir	128
Pour l'amour de Marlene	138
Pour le meilleur et pour le pire	143
Le grand Jo au milieu de la route	155
La dérive	167
Non, rien de rien...	174
Sarapo, je t'aime !	186
Telle que l'éternité la change	196

ANNEXES

Repères chronologiques   203

Références bibliographiques   210

Notes   212

FOLIO BIOGRAPHIES

Alain-Fournier, par ARIANE CHARTON. Prix Roland de Jouvenel 2015.
Alexandre le Grand, par JOËL SCHMIDT
Mohamed Ali, par CLAUDE BOLI
Lou Andreas-Salomé, par DORIAN ASTOR
Attila, par ÉRIC DESCHODT. Prix « Coup de cœur en poche 2006 » décerné par *Le Point.*
Bach, par MARC LEBOUCHER
Joséphine Baker, par JACQUES PESSIS
Balzac, par FRANÇOIS TAILLANDIER
Baudelaire, par JEAN-BAPTISTE BARONIAN
Beaumarchais, par CHRISTIAN WASSELIN
Beethoven, par BERNARD FAUCONNIER
Sarah Bernhardt, par SOPHIE-AUDE PICON
Bouddha, par SOPHIE ROYER
Bougainville, par DOMINIQUE LE BRUN
James Brown, par STÉPHANE KOECHLIN
Buffalo Bill, par MICHEL FAUCHEUX
Lord Byron, par DANIEL SALVATORE SCHIFFER
Maria Callas, par RENÉ DE CECCATTY
Calvin, par JEAN-LUC MOUTON
Camus, par VIRGIL TANASE
Truman Capote, par LILIANE KERJAN
Le Caravage, par GÉRARD-JULIEN SALVY
Casanova, par MAXIME ROVERE
Céline, par YVES BUIN
Jules César, par JOËL SCHMIDT
Cézanne, par BERNARD FAUCONNIER. Prix de la biographie de la ville d'Hossegor 2007.
Chaplin, par MICHEL FAUCHEUX
Che Guevara, par ALAIN FOIX
Churchill, par SOPHIE DOUDET

Cléopâtre, par JOËL SCHMIDT
Albert Cohen, par FRANCK MÉDIONI
Colette, par MADELEINE LAZARD
Christophe Colomb, par MARIE-FRANCE SCHMIDT
Joseph Conrad, par MICHEL RENOUARD
Marie Curie, par JANINE TROTEREAU
Darwin, par JEAN-NOËL MOURET
Alexandra David-Néel, par JENNIFER LESIEUR
James Dean, par JEAN-PHILIPPE GUERAND
Debussy, par ARIANE CHARTON
Delacroix, par FRÉDÉRIC MARTINEZ
Charles Dickens, par JEAN-PIERRE OHL
Diderot, par RAYMOND TROUSSON
Marlene Dietrich, par JEAN PAVANS
Dostoïevski, par VIRGIL TANASE
Alexandre Dumas, par SYLVAIN LEDDA
Albert Einstein, par LAURENT SEKSIK
Fellini, par BENITO MERLINO
Flaubert, par BERNARD FAUCONNIER
Saint François d'Assise, par VIRGIL TANASE
Freud, par RENÉ MAJOR et CHANTAL TALAGRAND
Gandhi, par CHRISTINE JORDIS. Prix du livre d'histoire de la ville de Courbevoie 2008.
Federico García Lorca, par ALBERT BENSOUSSAN
De Gaulle, par ÉRIC ROUSSEL
Geronimo, par OLIVIER DELAVAULT
George Gershwin, par FRANCK MÉDIONI. Coup de cœur du Prix des Muses 2015.
Goethe, par JOËL SCHMIDT
Carlo Goldoni, par FRANCK MÉDIONI
Goya, par MARIE-FRANCE SCHMIDT
Jimi Hendrix, par FRANCK MÉDIONI
Billie Holiday, par SYLVIA FOL
Homère, par PIERRE JUDET DE LA COMBE

Victor Hugo, par SANDRINE FILLIPETTI
Ibsen, par JACQUES DE DECKER
Jésus, par CHRISTIANE RANCÉ
Janis Joplin, par JEAN-YVES REUZEAU
Kafka, par GÉRARD-GEORGES LEMAIRE
Gene Kelly, par ALAIN MASSON
Kennedy, par VINCENT MICHELOT
Kerouac, par YVES BUIN
Klimt, par SERGE SANCHEZ
Lafayette, par BERNARD VINCENT
Lapérouse, par ANNE PONS
Lawrence d'Arabie, par MICHEL RENOUARD
Abraham Lincoln, par LILIANE KERJAN
Franz Liszt, par FRÉDÉRIC MARTINEZ
Jack London, par BERNARD FAUCONNIER
Louis XIV, par ÉRIC DESCHODT
Louis XVI, par BERNARD VINCENT
Auguste et Louis Lumière, par MICHEL FAUCHEUX
Martin Luther King, par ALAIN FOIX
Machiavel, par HUBERT PROLONGEAU
Magritte, par MICHEL DRAGUET
Malraux, par SOPHIE DOUDET
Man Ray, par SERGE SANCHEZ
Bob Marley, par JEAN-PHILIPPE DE TONNAC
Maupassant, par FRÉDÉRIC MARTINEZ
Mermoz, par MICHEL FAUCHEUX
Michel-Ange, par NADINE SAUTEL
Mishima, par JENNIFER LESIEUR
Modigliani, par CHRISTIAN PARISOT
Moïse, par CHARLES SZLAKMANN
Molière, par CHRISTOPHE MORY
Marilyn Monroe, par ANNE PLANTAGENET
Montesquieu, par CATHERINE VOLPILHAC-AUGER
Thomas More, par MARIE-CLAIRE PHÉLIPPEAU

Jim Morrison, par JEAN-YVES REUZEAU

Mozart, par JEAN BLOT

Alfred de Musset, par ARIANE CHARTON

Napoléon, par PASCALE FAUTRIER

Gérard de Nerval, par GÉRARD COGEZ

Nietzsche, par DORIAN ASTOR

George Orwell, par STÉPHANE MALTÈRE

Pasolini, par RENÉ DE CECCATTY

Pasteur, par JANINE TROTEREAU

Édith Piaf, par ALBERT BENSOUSSAN

Picasso, par GILLES PLAZY

Marco Polo, par OLIVIER GERMAIN-THOMAS

Ravel, par SYLVAIN LEDDA

Louis Renault, par JEAN-NOËL MOURET

Richelieu, par SYLVIE TAUSSIG

Rimbaud, par JEAN-BAPTISTE BARONIAN. Prix littéraire 2011 du parlement de la Fédération Wallonie-Bruxelles.

Robespierre, par JOËL SCHMIDT

Rousseau, par RAYMOND TROUSSON

Saint-Exupéry, par VIRGIL TANASE. Prix de la biographie de la ville d'Hossegor 2013.

Saint-Simon, par MARC HERSANT. Prix de la biographie littéraire de l'Académie française 2017.

George Sand, par MARTINE REID. Prix Ernest Montusès 2013.

Madame de Sévigné, par STÉPHANE MALTÈRE

Shakespeare, par CLAUDE MOURTHÉ

Stendhal, par SANDRINE FILLIPETTI

Jacques Tati, par JEAN-PHILIPPE GUERAND

Tchekhov, par VIRGIL TANASE

Henry David Thoreau, par MARIE BERTHOUMIEU et LAURA EL MAKKI

Tocqueville, par BRIGITTE KRULIC

Toussaint Louverture, par ALAIN FOIX

Trotsky, par MICHEL RENOUARD

Jules Vallès, par CORINNE SAMINADAYAR-PERRIN

COLLECTION FOLIO

Dernières parutions

6110. Sénèque — *De la constance du sage*
6111. Mary Wollstonecraft — *Défense des droits des femmes*
6112. Chimamanda Ngozi Adichie — *Americanah*
6113. Chimamanda Ngozi Adichie — *L'hibiscus pourpre*
6114. Alessandro Baricco — *Trois fois dès l'aube*
6115. Jérôme Garcin — *Le voyant*
6116. Charles Haquet – Bernard Lalanne — *Procès du grille-pain et autres objets qui nous tapent sur les nerfs*
6117. Marie-Laure Hubert Nasser — *La carapace de la tortue*
6118. Kazuo Ishiguro — *Le géant enfoui*
6119. Jacques Lusseyran — *Et la lumière fut*
6120. Jacques Lusseyran — *Le monde commence aujourd'hui*
6121. Gilles Martin-Chauffier — *La femme qui dit non*
6122. Charles Pépin — *La joie*
6123. Jean Rolin — *Les événements*
6124. Patti Smith — *Glaneurs de rêves*
6125. Jules Michelet — *La Sorcière*
6126. Thérèse d'Avila — *Le Château intérieur*
6127. Nathalie Azoulai — *Les manifestations*
6128. Rick Bass — *Toute la terre qui nous possède*
6129. William Fiennes — *Les oies des neiges*
6130. Dan O'Brien — *Wild Idea*
6131. François Suchel — *Sous les ailes de l'hippocampe. Canton-Paris à vélo*

6132. Christelle Dabos — *Les fiancés de l'hiver. La Passe-miroir, Livre 1*
6133. Annie Ernaux — *Regarde les lumières mon amour*
6134. Isabelle Autissier – Erik Orsenna — *Passer par le Nord. La nouvelle route maritime*
6135. David Foenkinos — *Charlotte*
6136. Yasmina Reza — *Une désolation*
6137. Yasmina Reza — *Le dieu du carnage*
6138. Yasmina Reza — *Nulle part*
6139. Larry Tremblay — *L'orangeraie*
6140. Honoré de Balzac — *Eugénie Grandet*
6141. Dôgen — *La Voie du zen. Corps et esprit*
6142. Confucius — *Les Entretiens*
6143. Omar Khayyâm — *Vivre te soit bonheur ! Cent un quatrains de libre pensée*
6144. Marc Aurèle — *Pensées. Livres VII-XII*
6145. Blaise Pascal — *L'homme est un roseau pensant. Pensées (liasses I-XV)*
6146. Emmanuelle Bayamack-Tam — *Je viens*
6147. Alma Brami — *J'aurais dû apporter des fleurs*
6148. William Burroughs — *Junky* (à paraître)
6149. Marcel Conche — *Épicure en Corrèze*
6150. Hubert Haddad — *Théorie de la vilaine petite fille*
6151. Paula Jacques — *Au moins il ne pleut pas*
6152. László Krasznahorkai — *La mélancolie de la résistance*
6153. Étienne de Montety — *La route du salut*
6154. Christopher Moore — *Sacré Bleu*
6155. Pierre Péju — *Enfance obscure*
6156. Grégoire Polet — *Barcelona !*
6157. Herman Raucher — *Un été 42*
6158. Zeruya Shalev — *Ce qui reste de nos vies*

6159. Collectif — *Les mots pour le dire. Jeux littéraires*
6160. Théophile Gautier — *La Mille et Deuxième Nuit*
6161. Roald Dahl — *À moi la vengeance S.A.R.L.*
6162. Scholastique Mukasonga — *La vache du roi Musinga*
6163. Mark Twain — *À quoi rêvent les garçons*
6164. Anonyme — *Les Quinze Joies du mariage*
6165. Elena Ferrante — *Les jours de mon abandon*
6166. Nathacha Appanah — *En attendant demain*
6167. Antoine Bello — *Les producteurs*
6168. Szilárd Borbély — *La miséricorde des cœurs*
6169. Emmanuel Carrère — *Le Royaume*
6170. François-Henri Désérable — *Évariste*
6171. Benoît Duteurtre — *L'ordinateur du paradis*
6172. Hans Fallada — *Du bonheur d'être morphinomane*
6173. Frederika Amalia Finkelstein — *L'oubli*
6174. Fabrice Humbert — *Éden Utopie*
6175. Ludmila Oulitskaïa — *Le chapiteau vert*
6176. Alexandre Postel — *L'ascendant*
6177. Sylvain Prudhomme — *Les grands*
6178. Oscar Wilde — *Le Pêcheur et son Âme*
6179. Nathacha Appanah — *Petit éloge des fantômes*
6180. Arthur Conan Doyle — *La maison vide* précédé du *Dernier problème*
6181. Sylvain Tesson — *Le téléphérique*
6182. Léon Tolstoï — *Le cheval* suivi d'*Albert*
6183. Voisenon — *Le sultan Misapouf et la princesse Grisemine*
6184. Stefan Zweig — *Était-ce lui ?* précédé d'*Un homme qu'on n'oublie pas*
6185. Bertrand Belin — *Requin*
6186. Eleanor Catton — *Les Luminaires*
6187. Alain Finkielkraut — *La seule exactitude*
6188. Timothée de Fombelle — *Vango, I. Entre ciel et terre*

6189.	Iegor Gran	*La revanche de Kevin*
6190.	Angela Huth	*Mentir n'est pas trahir*
6191.	Gilles Leroy	*Le monde selon Billy Boy*
6192.	Kenzaburô Ôé	*Une affaire personnelle*
6193.	Kenzaburô Ôé	*M/T et l'histoire des merveilles de la forêt*
6194.	Arto Paasilinna	*Moi, Surunen, libérateur des peuples opprimés*
6195.	Jean-Christophe Rufin	*Check-point*
6196.	Jocelyne Saucier	*Les héritiers de la mine*
6197.	Jack London	*Martin Eden*
6198.	Alain	*Du bonheur et de l'ennui*
6199.	Anonyme	*Le chemin de la vie et de la mort*
6200.	Cioran	*Ébauches de vertige*
6201.	Épictète	*De la liberté*
6202.	Gandhi	*En guise d'autobiographie*
6203.	Ugo Bienvenu	*Sukkwan Island*
6204.	Moynot – Némirovski	*Suite française*
6205.	Honoré de Balzac	*La Femme de trente ans*
6206.	Charles Dickens	*Histoires de fantômes*
6207.	Erri De Luca	*La parole contraire*
6208.	Hans Magnus Enzensberger	*Essai sur les hommes de la terreur*
6209.	Alain Badiou – Marcel Gauchet	*Que faire ?*
6210.	Collectif	*Paris sera toujours une fête*
6211.	André Malraux	*Malraux face aux jeunes*
6212.	Saul Bellow	*Les aventures d'Augie March*
6213.	Régis Debray	*Un candide à sa fenêtre. Dégagements II*
6214.	Jean-Michel Delacomptée	*La grandeur. Saint-Simon*
6215.	Sébastien de Courtois	*Sur les fleuves de Babylone, nous pleurions. Le crépuscule des chrétiens d'Orient*

6216. Alexandre
Duval-Stalla *André Malraux - Charles de Gaulle : une histoire, deux légendes*
6217. David Foenkinos *Charlotte*, avec des gouaches de Charlotte Salomon
6218. Yannick Haenel *Je cherche l'Italie*
6219. André Malraux *Lettres choisies 1920-1976*
6220. François Morel *Meuh !*
6221. Anne Wiazemsky *Un an après*
6222. Israël Joshua Singer *De fer et d'acier*
6223. François Garde *La baleine dans tous ses états*
6224. Tahar Ben Jelloun *Giacometti, la rue d'un seul*
6225. Augusto Cruz *Londres après minuit*
6226. Philippe Le Guillou *Les années insulaires*
6227. Bilal Tanweer *Le monde n'a pas de fin*
6228. Madame de Sévigné *Lettres choisies*
6229. Anne Berest *Recherche femme parfaite*
6230. Christophe Boltanski *La cache*
6231. Teresa Cremisi *La Triomphante*
6232. Elena Ferrante *Le nouveau nom. L'amie prodigieuse, II*
6233. Carole Fives *C'est dimanche et je n'y suis pour rien*
6234. Shilpi Somaya Gowda *Un fils en or*
6235. Joseph Kessel *Le coup de grâce*
6236. Javier Marías *Comme les amours*
6237. Javier Marías *Dans le dos noir du temps*
6238. Hisham Matar *Anatomie d'une disparition*
6239. Yasmina Reza *Hammerklavier*
6240. Yasmina Reza *« Art »*
6241. Anton Tchékhov *Les méfaits du tabac* et autres pièces en un acte
6242. Marcel Proust *Journées de lecture*
6243. Franz Kafka *Le Verdict – À la colonie pénitentiaire*
6244. Virginia Woolf *Nuit et jour*

6245. Joseph Conrad — *L'associé*
6246. Jules Barbey d'Aurevilly — *La Vengeance d'une femme précédé du Dessous de cartes d'une partie de whist*
6247. Victor Hugo — *Le Dernier Jour d'un Condamné*
6248. Victor Hugo — *Claude Gueux*
6249. Victor Hugo — *Bug-Jargal*
6250. Victor Hugo — *Mangeront-ils ?*
6251. Victor Hugo — *Les Misérables. Une anthologie*
6252. Victor Hugo — *Notre-Dame de Paris. Une anthologie*
6253. Éric Metzger — *La nuit des trente*
6254. Nathalie Azoulai — *Titus n'aimait pas Bérénice*
6255. Pierre Bergounioux — *Catherine*
6256. Pierre Bergounioux — *La bête faramineuse*
6257. Italo Calvino — *Marcovaldo*
6258. Arnaud Cathrine — *Pas exactement l'amour*
6259. Thomas Clerc — *Intérieur*
6260. Didier Daeninckx — *Caché dans la maison des fous*
6261. Stefan Hertmans — *Guerre et Térébenthine*
6262. Alain Jaubert — *Palettes*
6263. Jean-Paul Kauffmann — *Outre-Terre*
6264. Jérôme Leroy — *Jugan*
6265. Michèle Lesbre — *Chemins*
6266. Raduan Nassar — *Un verre de colère*
6267. Jón Kalman Stefánsson — *D'ailleurs, les poissons n'ont pas de pieds*
6268. Voltaire — *Lettres choisies*
6269. Saint Augustin — *La Création du monde et le Temps*
6270. Machiavel — *Ceux qui désirent acquérir la grâce d'un prince...*
6271. Ovide — *Les remèdes à l'amour* suivi de *Les Produits de beauté pour le visage de la femme*

6272. Bossuet — *Sur la brièveté de la vie et autres sermons*
6273. Jessie Burton — *Miniaturiste*
6274. Albert Camus – René Char — *Correspondance 1946-1959*
6275. Erri De Luca — *Histoire d'Irène*
6276. Marc Dugain — *Ultime partie. Trilogie de L'emprise, III*
6277. Joël Egloff — *J'enquête*
6278. Nicolas Fargues — *Au pays du p'tit*
6279. László Krasznahorkai — *Tango de Satan*
6280. Tidiane N'Diaye — *Le génocide voilé*
6281. Boualem Sansal — *2084. La fin du monde*
6282. Philippe Sollers — *L'École du Mystère*
6283. Isabelle Sorente — *La faille*
6284. George Sand — *Pourquoi les femmes à l'Académie ? Et autres textes*
6285. Jules Michelet — *Jeanne d'Arc*
6286. Collectif — *Les écrivains engagent le débat. De Mirabeau à Malraux, 12 discours d'hommes de lettres à l'Assemblée nationale*
6287. Alexandre Dumas — *Le Capitaine Paul*
6288. Khalil Gibran — *Le Prophète*
6289. François Beaune — *La lune dans le puits*
6290. Yves Bichet — *L'été contraire*
6291. Milena Busquets — *Ça aussi, ça passera*
6292. Pascale Dewambrechies — *L'effacement*
6293. Philippe Djian — *Dispersez-vous, ralliez-vous !*
6294. Louisiane C. Dor — *Les méduses ont-elles sommeil ?*
6295. Pascale Gautier — *La clef sous la porte*
6296. Laïa Jufresa — *Umami*
6297. Héléna Marienské — *Les ennemis de la vie ordinaire*
6298. Carole Martinez — *La Terre qui penche*
6299. Ian McEwan — *L'intérêt de l'enfant*
6300. Edith Wharton — *La France en automobile*
6301. Élodie Bernard — *Le vol du paon mène à Lhassa*

5385.	Virginia Woolf	*Les Vagues*
5386.	Nik Cohn	*Rituels tribaux du samedi soir et autres histoires américaines*
5387.	Marc Dugain	*L'insomnie des étoiles*
5388.	Jack Kerouac	*Sur la route. Le rouleau original*
5389.	Jack Kerouac	*Visions de Gérard*
5390.	Antonia Kerr	*Des fleurs pour Zoë*
5391.	Nicolaï Lilin	*Urkas! Itinéraire d'un parfait bandit sibérien*
5392.	Joyce Carol Oates	*Zarbie les Yeux Verts*
5393.	Raymond Queneau	*Exercices de style*
5394.	Michel Quint	*Avec des mains cruelles*
5395.	Philip Roth	*Indignation*
5396.	Sempé-Goscinny	*Les surprises du Petit Nicolas. Histoires inédites-5*
5397.	Michel Tournier	*Voyages et paysages*
5398.	Dominique Zehrfuss	*Peau de caniche*
5399.	Laurence Sterne	*La Vie et les Opinions de Tristram Shandy, Gentleman*
5400.	André Malraux	*Écrits farfelus*
5401.	Jacques Abeille	*Les jardins statuaires*
5402.	Antoine Bello	*Enquête sur la disparition d'Émilie Brunet*
5403.	Philippe Delerm	*Le trottoir au soleil*
5404.	Olivier Marchal	*Rousseau, la comédie des masques*
5405.	Paul Morand	*Londres* suivi de *Le nouveau Londres*
5406.	Katherine Mosby	*Sanctuaires ardents*
5407.	Marie Nimier	*Photo-Photo*
5408.	Arto Paasilinna	*Le potager des malfaiteurs ayant échappé à la pendaison*
5409.	Jean-Marie Rouart	*La guerre amoureuse*
5410.	Paolo Rumiz	*Aux frontières de l'Europe*
5411.	Colin Thubron	*En Sibérie*
5412.	Alexis de Tocqueville	*Quinze jours dans le désert*

5413. Thomas More — *L'Utopie*
5414. Madame de Sévigné — *Lettres de l'année 1671*
5415. Franz Bartelt — *Une sainte fille et autres nouvelles*
5416. Mikhaïl Boulgakov — *Morphine*
5417. Guillermo Cabrera Infante — *Coupable d'avoir dansé le cha-cha-cha*
5418. Collectif — *Jouons avec les mots. Jeux littéraires*
5419. Guy de Maupassant — *Contes au fil de l'eau*
5420. Thomas Hardy — *Les Intrus de la Maison Haute précédé d'un autre conte du Wessex*
5421. Mohamed Kacimi — *La confession d'Abraham*
5422. Orhan Pamuk — *Mon père et autres textes*
5423. Jonathan Swift — *Modeste proposition et autres textes*
5424. Sylvain Tesson — *L'éternel retour*
5425. David Foenkinos — *Nos séparations*
5426. François Cavanna — *Lune de miel*
5427. Philippe Djian — *Lorsque Lou*
5428. Hans Fallada — *Le buveur*
5429. William Faulkner — *La ville*
5430. Alain Finkielkraut (sous la direction de) — *L'interminable écriture de l'Extermination*
5431. William Golding — *Sa majesté des mouches*
5432. Jean Hatzfeld — *Où en est la nuit*
5433. Gavino Ledda — *Padre Padrone. L'éducation d'un berger Sarde*
5434. Andrea Levy — *Une si longue histoire*
5435. Marco Mancassola — *La vie sexuelle des superhéros*
5436. Saskia Noort — *D'excellents voisins*
5437. Olivia Rosenthal — *Que font les rennes après Noël ?*
5438. Patti Smith — *Just Kids*

Composition Nord Compo
Impression Maury-Imprimeur
45330 Malesherbes
le 2 octobre 2017.
Dépôt légal : octobre 2017.
Numéro d'imprimeur : 221084.

ISBN 978-2-07-044932-3. / Imprimé en France.

325197